互联网+教育改革新理念教材

创新型大学生素质教育精品教材

大学美育

DAXUE MEIYU

主编 姚继琴 王霞 曾胜强

航空工业出版社

北京

内 容 提 要

本书首先对美育和审美的概念做了清楚的阐释，准确地揭示了美的本质内涵，然后具体地描述了各个领域的美，使读者对美的各种表现了然于心，从而提升读者的审美和人文素养。本书共 8 个单元，分别是“诗意的栖居：大学美育”“心灵的熏陶：审美活动”“曼妙的世界：自然美”“极致的追求：生活美”“心灵的旋律：艺术美”“线条的气韵：文字美”“人生的境界：辞章美”“智慧的火花：科技美”。

本书内容丰富，讲述生动，既可作为各类院校学生进行美育学习的通用教材，又可作为广大美学爱好者的参考书。

图书在版编目（C I P）数据

大学美育 / 姚继琴，王霞，曾胜强主编. -- 北京 : 航空工业出版社，2019.7（2022.7重印）

ISBN 978-7-5165-1948-6

Ⅰ. ①大… Ⅱ. ①姚… ②王… ③曾… Ⅲ. ①美育－高等学校－教材 Ⅳ. ①G40-014

中国版本图书馆CIP数据核字(2019)第144490号

大学美育

Daxue Meiyu

航空工业出版社出版发行

（北京市朝阳区京顺路 5 号曙光大厦 C 座四层　100028）

发行部电话：010-85672663　　010-85672683

北京鑫益晖印刷有限公司印刷　　全国各地新华书店经售

2019 年 7 月第 1 版　　2022 年 7 月第 5 次印刷

开本：787×1092　1/16　　字数：338 千字

印张：16.75　　定价：49.80 元

PREFACE 前言

美是纯洁道德、丰富精神的重要源泉。学校美育工作是立德树人、培根铸魂的事业。2020 年 10 月，中共中央办公厅、国务院办公厅印发《关于全面加强和改进新时代学校美育工作的意见》（以下称《新时代学校美育意见》），旨在全面加强和改进新时代学校美育工作，切实提高学生的审美和人文素养。

《新时代学校美育意见》指出："以立德树人为根本，以社会主义核心价值观为引领，以提高学生审美和人文素养为目标，弘扬中华美育精神，以美育人、以美化人、以美培元，把美育纳入各级各类学校人才培养全过程，贯穿学校教育各学段，培养德智体美劳全面发展的社会主义建设者和接班人""高等教育阶段将公共艺术课程与艺术实践纳入学校人才培养方案，实行学分制管理，学生修满公共艺术课程 2 个学分方能毕业"。

为了配合各高等学校的美育教学活动，满足广大学生对优质丰富美育资源的期盼，我们编写了这本《大学美育》。本书在准确揭示美的本质内涵的基础上，以众多实物、实景图片为例，运用浅显易懂的语言，全面、系统地讲述了各种美的具体内容及其对人的不同价值。通过《大学美育》的学习，学生不仅能够养成基本的审美能力，还可以通过贴近生活实际的内容获得教益，产生积极的生活情趣和审美追求。

具体来说，本书具有以下特色。

1．立德树人，弘扬美育精神

本书扎根时代生活，遵循美育特点，弘扬中华美育精神，推动美育工作。本书每单元设有丰富的模块，将素质教育与教材内容相结合，引导青少年寻找人生意义，提高青少年的审美和人文素养，促进祖国青年一代身心健康成长，追求更高、更深、更远的境界，力求培养德智体美劳全面发展的社会主义建设者和接班人。

2．校企合作，对接职业需求

本书切实践行“以学生为主体，以教师为主导，以能力为根本”的教育理念，充分考虑了教学大纲要求与企业需要，重在提升教材的职业属性，强调内容的实用性与针对性。本书每节设有“美的体验”模块，从而真正做到以学生为中心，让学生在学习中体验美、感知美，化被动为主动，发展创新思维，提升课堂效率，快速提高综合素养。

3．资源豪华，教育平台支撑

本书配备了数量众多、制作精良的微课，内容涉及广泛，如美景欣赏、茶艺欣赏、名曲欣赏、诗歌朗诵、书法欣赏、影视欣赏等，使学生在视听盛宴中充分领略美的文化，陶冶情操，充实心灵。

与此同时，为了方便学校管理、教师教学和学生自学，本书与我们研发的一款集教学管理、教学支撑于一体的综合性教育平台“文旌课堂”（www.wenjingketang.com）深度绑定。学校可借助该平台管理校本课程，教师可借助该平台管理各种教学资源（如教学课件、微课视频等）、布置作业、组织考试，学生可借助该平台阅读课外资源、提交作业、进行线上练习、参加考试等。师生在教与学的过程中有任何疑问，都可以登录该平台寻求帮助。

4．全新形态，创新美育学习

本书每节设有“美的印象”“美的视窗”“美的欣赏”“美的体验”等模块，既可以让学生循序渐进地认识美、了解美、爱上美、创作美，又增强了内容的可读性、趣味性、欣赏性，同时弘扬了中华美育精神，加强了爱国主义教育。此外，这些模块中选取的内容非常贴近学生的实际生活，可使他们产生代入感和共鸣感。例如，在“辞章美”的“美的欣赏”中，有意引入了爱情诗词，目的在于引导学生正确认识爱情，使其树立正确的爱情观；在“美的体验”中，设计了咏唱《诗经》名篇、让唐诗带“我”去旅行、从歌词中找宋词等活动，从而激发学生去进行美的创作。

5. 印制精美，令人赏心悦目

本书含有大量高清、精美的图片，与正文内容相互衬托，相得益彰，给学生带来轻松愉悦的阅读体验；本书的版式设计也极富艺术气息，令人赏心悦目，使学习的过程也成为审美熏陶的过程。

本书由姚继琴、王霞、曾胜强担任主编，赵润孝、周文锋、李敏担任副主编。在编写过程中我们参考了大量的文献资料，在此向这些资料的作者表示诚挚的谢意。

由于编写时间仓促，编者水平有限，书中难免有疏漏和不当之处，敬请广大读者批评指正。

本书编委会

主　编　姚继琴　王　霞　曾胜强

副主编　赵润孝　周文锋　李　敏

第一单元

诗意的栖居：大学美育

第二单元

心灵的熏陶：审美活动

第三单元

曼妙的世界：自然美

第四单元

极致的追求：生活美

第五单元

心灵的旋律：艺术美

第六单元

线条的气韵：文字美

第七单元

人生的境界：辞章美

第八单元

智慧的火花：科技美

第一单元

诗意的栖居：大学美育

本章导读

美育是素质教育中不可或缺的重要内容。美育不仅能够启迪心灵，提升审美素养，而且能让我们栖居在美的海洋中，领略人生的真谛，点亮人生的光芒。法国艺术家罗丹曾有一句名言：“生活中不是缺少美，而是缺少发现美的眼睛。”生活中的美无处不在，只有走进生活，拥有一颗诗意的心灵，才能找寻到美的事物，才能在内心的纯真中追寻生命的意义。

第一节　什么是美

【美的印象】

饮酒

（晋）陶渊明

结庐在人境，而无车马喧。
问君何能尔？心远地自偏。
采菊东篱下，悠然见南山。
山气日夕佳，飞鸟相与还。
此中有真意，欲辨已忘言。

这首诗叙述了陶渊明隐居生活的情趣。诗人在劳动之余，饮酒之后，在晚霞的辉映之下，采菊东篱，遥望南山，人景融为一体，构成了一道美好的风景。全诗清新自然，表现出了诗人与世无争、怡然自得的精神境界。

正是因为诗人超凡脱俗的品性和对人生透彻明了的感悟，所以在他看来，大自然中寻常的景色也散发出无争、平淡、恬静的韵味，这种韵味也让读者在诗中找到了心灵的栖居地，得到了精神上的极大满足。

反观现代社会，又有多少人能有如此心境？现在的生活比以往任何时候都舒适，但似乎现在的人们却比以往任何时候更难维持平和的心境。假如心已被物欲的喧嚣所填满，又何谈拥有平和的心境呢？

著名美学家朱光潜在《谈美》中告诉我们，凡是美都要经过心灵的创造。生活原本就是充满诗意的，诗意的生活可以带给我们纯真的品质、坚定的信念和精神的享受，更会让我们拥有一双发现美的眼睛、一颗感受美的心灵和一种创造美的智慧。生活中到处都有美的存在，让诗意的心灵带领我们走进“美”的殿堂，在美的熏陶中创造更加绚烂的人生吧！

【美的视窗】

一、美的本质

美是指能够引起人们美感的客观事物的一种共同的本质属性。简单来说，美就是由客观事物产生的、能够使人们心灵得到净化的事物属性。

客观事物是人们产生美感的基础。人们不自觉地被客观事物唤起了美感，获得了美的享受和精神感染。例如，当人们看到傲立于寒冬枝头的梅花时，便会想到坚韧不屈、铁骨冰心的高尚品格，如图1-1所示；看到苍翠挺拔的竹子时，便会产生奋发向上的进取之心，如图1-2所示。

▲ 图1-1　傲立于寒冬枝头的梅花

▲ 图1-2　苍翠挺拔的竹子

积极性是人们区分事物美与丑的根本标准。如果某件事物能够使人的情感和精神发生积极向上的变化，如和谐流畅的琴声、悦耳的鸟鸣、欢快爽朗的笑声，那么，它是美的。反之，如果某件事物使人的情感和精神发生消极甚至痛苦、悲观的变化，如骗人的谎言、荒唐的迷信、刺耳的刹车声，那么，它是丑的。

现实生活中，美时时都有，处处都有。我们可以徜徉其中，不断认识审美规律，去观察、去聆听、去发现……当然，美在艺术的领域中更为精彩。艺术家把人的情感和精神境界通过音乐、舞蹈、绘画、雕塑、建筑、文学、戏剧、影视、工艺、书法等艺术形式进行多姿多彩的展示，构成了五光十色、万紫千红的“美的长廊”，如图1-3至图1-5所示。

▲ 图1-3　吴冠中国画作品

▲ 图1-4　舞蹈《雀之灵》

▲ 图1-5　草间弥生装置作品

但要注意的是，艺术是对美进行反映的一种文化样式，美只是艺术反映的对象，并不等于或者全部适用于艺术。艺术来源于生活，但又高于生活，只有将自然美和生活美进行再创造才能构成艺术，没有经过加工和再创造的自然美和生活美都不能称为艺术。

二、美的特征

美的特征包括形象性、感染性、认同性、时空性和创造性。

1．形象性

美的事物是可感知的，无论自然美、生活美还是艺术美，都有一种感性的具体形态，即可以通过声、光、色、线、形等物质形式表现出来。因此，美具有形象性。例如，桂林山水的美是通过青山、秀水相掩映的优美形态呈现出来的，如图1-6所示。这些自然元素构成的感性形象也是人们认为桂林山水美的原因。

▶图1-6　桂林山水

2. 感染性

美的感染性是指美能够以情感人，并使人们得到精神上的愉悦和升华。色美以感目，音美以感耳，意美以感心。无论是登上泰山观赏壮丽奇观，还是倾听贝多芬的《第九交响曲》，都会使人陶醉。这是因为无论是自然形象还是音乐形象，它们的美都具有巨大的感染力。美的事物无处不在，人们随时随地可以受到美的影响，从而唤起热情，激发理想和信念。

大师巨匠

贝多芬（见图1-7）的《第九交响曲》倾尽了他数十年的心血，是其音乐生涯中登峰造极之作。该作品于1824年5月7日在维也纳首演，获得了巨大的成功。贝多芬通过该作品表达了人类寻求自由的斗争意志，并坚信这场斗争最后一定会以人类的胜利而告终，人类必将获得欢乐和团结友爱。作品中的合唱部分堪称整部作品的精髓，以德国著名诗人席勒的《欢乐颂》为歌词谱曲而成，伴随着激情澎湃的唱词和急速雄壮的旋律，唱出了人们对自由、平等、博爱精神的热切盼望。

▲图1-7　贝多芬

《第九交响曲》片段欣赏

3. 认同性

虽然不同社会形态、不同文化背景下的人们对美的具体评价标准有所不同，但美还是具有普遍的社会文化认同性。例如，崇尚自然是中国人自古以来普遍的审美趣味，因此在园林艺术上，人们不断追求自然美与人工美的高度统一，偏好山水与建筑融为一体的园林风格，如图1-8所示。又如，在日常生活中，大方得体、不刻意修饰的外表是人们认可的天然美，而浓妆艳抹、穿着怪异是人们普遍不能认同的。

4. 时空性

任何美的事物都存在于一定的时空中，所以美具有时空性。美的时空性体现在时间和空间两个方面。例如，百花争艳的景象出现在春天，硕果累累的景象出现在秋天；想要感受茫茫的草原最好去北方（见图1-9），想要体会烟雨蒙蒙最好去江南。另外，美有时也只出现在特定的时空中。例如，歌声是优美的，但在图书馆等需要安静的地方唱歌，歌声就不再是美的，而是变成了噪声。

▲ 图1-8　苏州园林

▲ 图1-9　鄂尔多斯草原

5. 创造性

随着社会的进步，人们对美的追求不断提高，美在人们生活中不断被创新、优化和完善。美的创造性是人们不断实践的结果，人们会按照自己的意愿和美的规律重新创造自然美、生活美和艺术美。例如，自然美是被人们发现的，这种发现本身就包含着创造，而普通的山水风景经过人们的艺术加工成为风景名胜区，这更是对自然美的再创造；生活中的物品、服饰是人们在劳动中创造的美，这些美同时也在历史发展中千变万化、推陈出新；而艺术美的创造性更加明显，艺术作品都要在内容和形式上不断突破，才能带给人们美的享受。

【美的欣赏】

一、表演之美

表演艺术是通过人的演唱、演奏或人体动作、表情来塑造形象，传达情绪、情感，从而表现生活的艺术。表演艺术通常包括音乐、舞蹈、戏剧、歌剧、杂技、魔术等。

《朱鹮》欣赏

在表演艺术中，音乐和舞蹈因为有着强大的艺术感染力而被人们广泛接受。例如，舞蹈《朱鹮》中，伴随着悠扬的音乐，演员们舞姿婀娜，神态优雅，将朱鹮的纯美、洁净、典雅和高贵刻画得惟妙惟肖，呈现出诗画般的情境，赢得了观众的赞叹，如图1-10所示。

▲ 图1-10　舞蹈《朱鹮》

二、造型之美

造型艺术是指艺术家运用一定的物质材料（如颜料、纸张、泥石、木料等），塑造静态的视觉形象的艺术，其主要包括绘画、雕塑、书法、摄影、建筑、工艺美术等。造型艺术往往会受到艺术家主观思想的影响，反映了社会生活和艺术家内在的思想情感。

《清明上河图》欣赏

例如，北宋画家张择端的《清明上河图》，画卷共五米多长，绘制了数量庞大、各具特色的人物，牛、骡、驴等牲畜，车、轿、大小船只、房屋、桥梁、城楼等，体现了宋代的城市风貌和画家对社会生活的深刻洞察力，如图1-11所示；而敦煌莫高窟的佛像，造型古朴浑厚，规模宏伟，面相端庄，栩栩如生，反映了当时社会佛教文化的兴盛，如图1-12所示。

▲ 图1-11 《清明上河图》（局部）

▲ 图1-12 敦煌莫高窟第一大佛

三、语言之美

语言艺术是以语言为媒介来塑造形象、表达情感的艺术。语言是抽象的文字符号，因而需要读者对语言符号进行理解，并运用丰富的想象力来欣赏。例如，文学作品中，一般通过适当的文字组合搭配和比喻、借代、比拟等修辞手法来营造艺术美感。

例如，沈从文在《边城》中写道："翠翠在风日里长养着，故把皮肤变得黑黑的，触目为青山绿水，故眸子清明如水晶。自然既长养她且教育她，为人天真活泼，处处俨然如一只小兽物。"将翠翠比喻为"小兽物"，勾勒出天真活泼、心地单纯的人物形象，并从她身上折射出湘西淳朴的人性美和自然美。

【美的体验】

一、课下阅读

在朱光潜的《谈美》、宗白华的《艺境》、李泽厚的《美的历程》三本书中任选一本阅读，感受美学的"诗意"精神。

二、课下写作

当代学者林庚先生说："诗的本质就是发现。要像孩子那样，睁大好奇的眼睛去看世界，去发现世界的新和美。"

川端康成说："凌晨四点钟，看到海棠花未眠。"

梭罗在《瓦尔登湖》里提出一个概念是"黎明的感觉"，每天睁开眼睛看到黎明，就像获得新生。

请根据材料，从“诗意地活着”“善于发现美”“热爱大自然”等角度写一篇不少于800字的作文。

提示：要写好这篇材料作文，首先要细读、品味所给的材料。材料的三段话有一个共同点，就是我们要有一颗敏感、细腻的心，要保持天真和好奇，努力发现世界的美，发现生活中的诗意和美好。林庚先生的话重在“发现”世界的新和美；川端康成先生在凌晨四点人们都熟睡的时候，看到海棠花依然开着，爱怜地形容为“花未眠”；梭罗提出在平凡的生活中要有“黎明的感觉”，每天获得新生。写作时要紧扣材料要点。

第二节　美的表现形式及分类

【美的印象】

提起敦煌，人们自然而然地就会想到那些石窟壁画中的飞天形象，如图1-13所示。飞天以其飘逸飞舞、灵动优美的浪漫形象深受世人喜爱。眉清目秀，体态俏丽，凭借飘逸的衣裙、飞舞的彩带翱翔于天空之中是敦煌飞天最典型的特色。在它身上，反映出了佛教美学思想与我国传统美学思想的交融、传承、演变。飞天是中国文化的艺术瑰宝和重要的民族符号，展现了中国人对生活和美的不懈追求。

▲ 图1-13　敦煌莫高窟飞天壁画（摹本）

历史是一部美的百科全书，历史长河淹没了岁月，但留下了无数美的事物，有灵动优雅的艺术之美，有智慧和劳动成就的文明之美，有诗情画意的自然之美……它以数量浩繁的美向人们展示了漫长的社会历史图景，给人以美的感受，让人为之震撼。

【美的视窗】

一、美的表现形式

生活中，美无处不在，无时不在，但是感受美的方式和途径是不同的，人们可以看到美、听到美、触摸到美、品尝到美，以及体会到美。美是事物的属性，不同的事物也有着不同的美的表现形式。总体来看，美的表现形式主要有以下几种。

1．视觉形象

▲ 图1-14　东汉《击鼓说唱俑》

《击鼓说唱俑》欣赏

视觉形象是事物存在的一种基本形态，也是美的主要表现形式之一。可视性、直观性是视觉形象最显著的特点。无论是自然美、生活美，还是艺术美、技术美，都以其直观的视觉形象来表现美。例如，作品《击鼓说唱俑》（见图1-14）通过生动传神的面部表情和憨态可掬的动作造型，为人们展现了东汉时期的民间气息和地方风情。

2．真实情境

真实情境是自然美和生活美的一种表现形式，是现实生活中真实存在的场景。例如，自然美中的远处的山、和煦的晨光（见图1-15）、清澈的溪水让人感到豁然开朗、轻松愉快；生活美中的热闹场景、欢乐氛围（见图1-16）让人感到幸福、快乐。

▲ 图1-15　和煦的晨光

▲ 图1-16　傣族泼水节

3．文化意象

文化意象是人的一种情感符号，是人们思想美和精神美的主要表现形式。人们以客观事物为依托，通过想象和联想，赋予客观事物一定的思想和精神内涵，从而使其成为一个个文化意象来表达自身的情感。例如，“圆”是中国文化中的一个重要精神符号，它寄托着古人对圆满、团圆的美好期望。在设计中，经常会看到一些中式圆的运用，使作品展现出含蓄、古典的中式风情，如图1-17所示。

▶ 图1-17　古典园林中的圆拱门

4. 感官知觉

感官知觉是人们通过品尝、触摸、聆听等亲身体验获得的，它是香甜之美、舒适之美、快意之美的主要表现形式。例如，品尝水果（见图1-18）感受到甜美，春风拂面感受到凉爽，触摸棉被感受到柔软和温暖等。

▲ 图1-18　各种各样的水果

5. 心理感受

心理感受是情感美的表现形式。心理感受既可以在日常生活中体会到，也可以在文学和艺术作品中感受到。例如，当朋友在我们遇到困难的时候伸出援助之手，我们会被这种雪中送炭的友情感动；阅读朱自清的散文《背影》时，我们会被字里行间浓浓的父爱感动。这些情感美都是以心理感受的形式存在的。

二、美的分类

按照美依附的客观事物的性质，可以将其分为自然美、生活美、艺术美、文字美、辞章美和科技美六大类。

1. 自然美

自然美就是自然界中自然生成的事物的美，它是客观事物本身具有的自然属性，是脱离人而独立存在的。自然美是一切美的基础，其他各种美都是参照自然美进行创造的。大千世界中，自然美的事物形式多样，千姿百态。日月星辰、山川草木、花鸟虫鱼、江河湖泊、云霞雷电等事物的美，春天的花（见图1-19）、夏天的海、秋天的麦浪、冬天的雪等景色的美，都属于自然美的范畴。

2. 生活美

生活美是指人们为了满足生活需要，通过劳动创造的一切物质所表现出来的美。生活美渗透在人们衣食住行的各个方面，并呈现出多姿多彩的特点。现代社会中，人们的生活质量不断提高，对美的追求也日益鲜明。例如，人们在服饰上追求精致考究的面料和新颖的款式（见图1-20），在居住空间上追求个性化的装饰，在饮食上追求绿色、健康、营养的食物搭配等。

▲ 图1-19　大自然中的鸟语花香

▲ 图1-20　生活中的服饰

3. 艺术美

艺术美是艺术家以自然和生活为基础，通过对自然美和生活美的提炼和加工，呈现于艺术作品中的美。艺术美是艺术家综合个人观点和时代精神对自然和生活的感悟，因此比自然美更具有思想和情感引导力，比生活美更加集中和典型，更能鼓舞人的精神。音乐美、舞蹈美、绘画美、雕塑美、建筑美、戏剧美、影视美等都是艺术美的表现形式。

4. 文字美

文字是记录人的语言和思想感情的符号系统。文字之美主要表现在两个方面：一是文字形体的图画美，如汉字的对称结构美，将笔画合理组合，中规方正，巧妙运用，可以描述万物之形，表达多种感情；还有汉字的书法美，行书、草书（见图1-21）、楷书……一笔一画间，变化无常，让人无限感慨。二是文字表意的内涵美。古人创造的汉字，每一个笔画或是部件就是一个意象，整个汉字就是这些意象组成的意境。

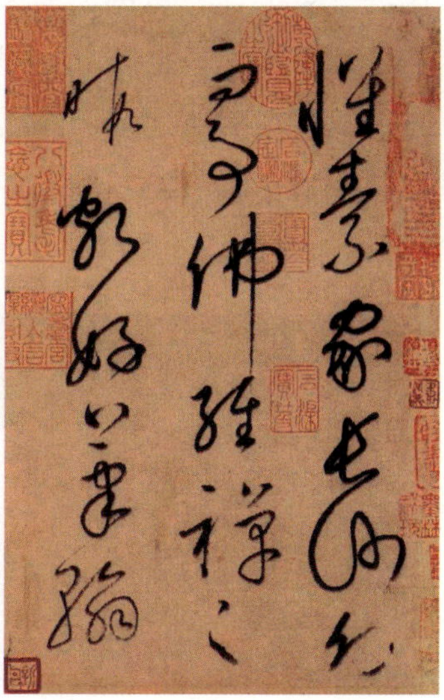

▲ 图1-21　怀素书法作品

5. 辞章美

辞章美主要指文学作品中的美，不仅包括文学作品中的思想美、形象美和意境美等，还包括语言本身的韵律美、词义美、修辞美和语法美等。优美的文学作品，能让人们的心灵获得宁静、找到归宿。

6. 科技美

科技美是指在自然科学（如数学、物理、化学、生物学等）中广泛存在的科技产品及技术所呈现出来的美。人们在理解了科学真理之后，会感到心满意足、精神愉悦，还会产生成就感和自豪感。因此，科技美要求人们对科学知识有一定的理解能力。

【美的欣赏】

一、荷花之美

荷花欣赏

荷花（见图1-22）是人们常常咏颂的自然事物，荷花的美牵动了古今无数文人墨客的心。宋代周敦颐在著名的《爱莲说》中热情洋溢地歌颂它：“出淤泥而不染，濯清涟而不妖，中通外直，不蔓不枝，香远益清，亭亭净植，可远观而不可亵玩焉。”朱自清在《荷塘月色》中写道：“曲曲折折的荷塘上面，弥望的是田田的叶子。叶子出水很高，像亭亭的舞女的裙。层层的叶子中间，零星地点缀着些白花，有袅娜地开着的，有羞涩地打着朵儿的；正如一粒粒的明珠，又如碧天里的星星，又如刚出浴的美人。”人们爱荷花，爱它的高风亮节、婀娜多姿。

除了形态和品质，荷花的美还在于它的清香。夏日里，丝丝微风吹过荷塘，荷塘里到处都会飘着荷花的清香（见图1-23）。人们常说“荷香幽幽”，荷花的香不像昙花那样浓烈，不像桂花那样香甜，而是一种淡雅的、幽静的清香，令人流连忘返。

▲ 图1-22　荷花

▲ 图1-23　荷塘月色

二、水墨之美

水墨是中国水墨画的绘画语言。中国的水墨画以墨为本色，经调配墨的浓度后，用柔软而有弹性的毛笔在宣纸或绢帛上作画。其讲究笔墨神韵，墨中的加水量不同，画出的浓淡层次也不同。

例如，国画大师齐白石画虾时就用淡墨掷笔，绘成虾的躯体，再浸润些许颜色，然后以浓墨竖点睛，横写为脑，落墨成金，笔笔传神。躯壳的透明和虾的重量被这由深到浅的墨色表现了出来。而虾的腰部，一笔一节，连续数笔，形成了由粗渐细的虾腰节奏。虾的尾部也是寥寥几笔，既有弹力，又有透明感。虾的一对前爪，由细而粗，数节之间直到两螯，形似钳子，有开有合。虾的触须用数条淡墨线画出。长须布置得当，其线条似柔实刚，似断实连，直中有曲，乱中有序，如图1-24所示。

齐白石的虾

整体来看，虾神态各异，似在水中嬉戏游动，触须也似随虾身晃动。整幅画充分表现了齐白石用墨功夫之精妙。观者在亲近自然、爱护自然、理解自然的内心感悟中与画家有了共鸣，亦能感到一种积极向上的生活乐趣。

▶图1-24　齐白石的《虾》

三、音韵之美

诗歌中蕴含的不仅仅是文化的精髓，同样也是音乐的灵魂。一句句脍炙人口的词，一首首婉转悠扬的曲，一个个活泼跳动的符，呈现给人们和谐整齐的感官审美效果。

例如，苏轼的《水调歌头·明月几时有》：

明月几时有？把酒问青天。不知天上宫阙，今夕是何年。我欲乘风归去，又恐琼楼玉宇，高处不胜寒。起舞弄清影，何似在人间。

转朱阁，低绮户，照无眠。不应有恨，何事长向别时圆？人有悲欢离合，月有阴晴圆缺，此事古难全。但愿人长久，千里共婵娟。

这首词的节奏舒缓而和谐，轻松而缓慢，抒发了诗人深沉婉转的感情，反映出作者因政治上不如意和亲人多年不能团聚而产生的愁绪。

而郭沫若的《凤凰涅槃》表达的则是高昂、舒畅、欢快的感情：

……

我们新鲜，我们净朗，
我们华美，我们芬芳，
一切的一，芬芳。
一的一切，芬芳。
芬芳便是你，芬芳便是我。
芬芳便是他，芬芳便是火。
火便是你。
火便是我。
火便是他。
火便是火。
翱翔！翱翔！
欢唱！欢唱！

我们热诚，我们挚爱。
我们欢乐，我们和谐。
一切的一，和谐。
一的一切，和谐。
和谐便是你，和谐便是我。
和谐便是他，和谐便是火。
火便是你。
火便是我。

《凤凰涅槃》朗诵

火便是他。

火便是火。

翱翔！翱翔！

欢唱！欢唱！

……

全诗用“芳”“翔”“唱”这些押韵词烘托出响亮、激昂的情调。诗人把祖国比喻成凤凰，借助对凤凰传说的新阐述，宣告中华民族在“死灰中更生”的新时代已经到来。

【美的体验】

一、课下活动

班级组织一次周末郊游，可以去附近的公园，也可以去周围的旅游景点。要求每个人拍摄一组以“自然美”或“生活美”为主题的摄影作品，用手机、相机拍摄均可，然后以班级或学院为单位组织一场“发现身边的美”摄影大赛，评比出优秀作品。

二、阅读与朗诵

朱自清的散文以抒情而闻名，请同学们阅读他的散文集《背影》《你我》，并选出最喜欢的一篇在课堂上朗诵分享，分享时请说明喜欢的原因。

第三节　美育及其作用

【美的印象】

美，不仅包括外在形式上的美，还包括内在的心灵美。不可否认，一个人的外在美可以吸引大多数人的目光，给人留下良好的第一印象，但是，真正能长久让人记在心里的，还是一个人的心灵美。

心灵美不是可以随意表现出来的，真正的心灵美源于一颗善良、有爱的心。当你敞开心扉去感受心灵之美时，便会发现生活的美好。例如，父母无私的爱如一盏明亮的灯，为我们照亮前面的道路，如图1-25所示；陌生人无私的帮助，如春风拂面，芳香了我们的世界，如图1-26所示；老师的批评如同一把修枝剪叶的剪刀，为我们剪去旁枝败叶，让我们更茁壮地成长。

▲ 图1-25　父子情

▲ 图1-26　志愿者帮孩子过马路

【美的视窗】

美育是引导学生去感受美、欣赏美，进而去创造美的审美教育活动。它借助各种艺术形式、大自然及社会生活等各种事物之美对人产生积极的影响，从而实现人格的塑造。

美育的形式生动活泼，过程轻松愉快，使人乐于接受，对学生和学校的发展都有着重要作用。

一、美育对学生发展的作用

美育对学生发展的作用包括以下几个方面。

1. 树立正确的审美观

与幼儿、中小学美育相比，大学美育中的“美”不仅是展现一些具体的、多彩的可感形象，更多的是培养学生与社会价值观相适应的审美观，以便学生能在追求真善美的和谐统一中理解人生的真谛。

2. 培养感知能力

美育主要以感觉和知觉的体验为基础。感知觉是人发展认识的前提，因此，美育对于培养学生的感知能力、促进其智力发展有着不可替代的作用。

3．提升创造力

创新意识和创造力是未来人才的首要素质，美育活动是以美好的事物形象或情境为基础展开的，可以引发学生丰富的联想，使他们的创造能力得以提升。

4．陶冶情操

美育有利于学生情感的宣泄，能唤起学生的生活热情，促进学生身心健康发展；同时，美育又能通过唤起学生的美感体验而改变他们的心境，从而陶冶他们的情操，升华他们的情感境界。

5．提升文化修养

美育中的欣赏课程可以开拓学生的文化视野，让学生了解人类丰富的文化遗产和文化发展，了解艺术与生产、生活的内在关系，从而提升自身的文化修养。

二、美育对学校发展的作用

美育对学校发展的作用包括以下几个方面。

1．有利于学校管理

美育对学生有某种自我约束功能，能使学生按照美的规律与要求规范自己的言行，养成良好的学习和生活习惯。因此，美育课开得好，学生的自我完善意识和进取心都会大大增强，违纪现象将会大大减少，从而有利于学校的管理。

2．营造积极健康的校园文化

美育不仅能带给校园文化形式上的美感，更重要的是它还能带来积极的精神内涵。美育注重尊重人和关怀人，推崇和谐、民主、创新和超越，使人与人之间互相尊重，学生关心集体、关心他人，教师爱岗敬业，这样就会形成文明、和谐、活跃的校园文化。

3．提高人才的培养质量

高等学校的根本任务是将学生培养成具有创造力的人才。美育在培养学生创造力方面具有明显的优势，因而可以提高高校的人才培养质量。

【美的欣赏】

一、瞬间之美

美丽的事物不一定长久，有时只是那短暂的一瞬间，稍纵即逝。瞬间之美不是一个完整的过程，而是一个具有震撼力的特写镜头，是一个细节描写。

例如，一阵暴风骤雨过后，五彩缤纷的彩虹是美的；湍急的河流之上，电信员工冒着危险紧张抢修的感人瞬间是美的，如图1-27所示；大雪纷飞中，交警执勤时冒着严寒帮助民众推车的温暖瞬间是美的，如图1-28所示；危急时刻，白衣天使们争分夺秒尽职尽责抢救患者的瞬间是美的。我们的身边充满了美好的瞬间，只要用心感受，就能深深地体会到世间的爱与温暖。

▲ 图1-27　电信员工为百姓真情服务

▲ 图1-28　雪中民警帮忙推车

二、收获之美

俗话说："一分耕耘，一分收获"，当人们付出心血和汗水，总会获得回报。例如，凌晨时分，环卫工人挥动着扫帚，把原本脏乱的大街打扫得干干净净，整洁的街道、清新的空气、行人的笑容是环卫工人的收获，如图1-29所示；春天的田野里，农民们辛苦播种，精心培育，秋天庄稼熟了，田间无垠的金浪、沁人肺腑的稻菽香是农民们的收获，如图1-30所示；学习过程中，我们在知识的海洋里徜徉，不断积累，渊博的知识、开阔的视野、崇高的修养是我们的收获。

生活是一方沃土，人们播下什么，就会收获什么：播下一颗种子，收获一颗果实；播下一个行动，收获一种结果；播下一种习惯，收获一种性格；播下一种心态，收获一种命运。收获带给我们一种特有的喜悦气息，让我们感受到了生命的丰富多彩。

▲ 图1-29　环卫工人清扫出的整洁街道

▲ 图1-30　农民收获的喜悦

三、运动之美

体育运动是在人类发展过程中逐步开展起来的、有意识地培养自己身体素质的各种活动。体育运动不仅能够强身健体，还能向人们展示绚丽多姿的运动美，愉悦人们的身心。

运动之美是畅快之美，运动场上，起跑线上的冲刺、横竿上的飞跃、球场上的欢呼（见图1-31），足以令人激情澎湃；运动之美也是力量之美，运动健儿们雕塑般的身躯、匀称的身体线条、优美的运动造型（见图1-32），在赛场上形成一种力量与动态之间平衡的惊艳之美。

▲ 图1-32　运动健儿的优美造型

▲ 图1-31　球场上的欢呼

【美的体验】

一、课下活动

将班级人员分为两组，分别收集“自然瞬间美”和“生活瞬间美”的摄影作品（也可自行拍摄），然后组织以“感动瞬间”为主题的宣传教育活动。活动的形式不限，可以布置一个摄影展，也可以将摄影作品做成PPT后组织一场讲座等，各组制订宣传方案并组织实施。

二、课下写作

请为大家熟悉的艺术作品（如王羲之的《兰亭序》、电影《肖申克的救赎》、舞蹈《雀之灵》等）写一篇100字左右的文字介绍，要求体现出该作品的艺术风格和自己的审美体验等。

素质园地

以美育人，以文化人

美育不仅能提升人的审美素养，还能够潜移默化地影响人的情感、趣味、气质、胸襟，激励人的精神，温润人的心灵，对立德树人具有重要作用。

中华民族拥有5 000多年灿烂文明，在源远流长的中华美学传统中，古代先贤们秉承“德艺双馨”“艺品如人品”等理念，将高尚道德情操和家国情怀融入美学的内容与形式之中，通过文学艺术作品呈现出来，感染着一代又一代中华儿女。从这些作品中，最能感受到历年来中华儿女的团结奋斗。例如，从范仲淹的《岳阳楼记》等作品中，我们可以感受到赤诚的家国情怀和昂扬的精神面貌；在王希孟的《千里江山图》（见图1-33）中，能领略锦绣河山的壮丽和创作者纯真质朴的爱国之情。

在当代中国，美有了更加多元、开放、包容的姿态，多种艺术形式和不同的艺术风格碰撞交汇，琳琅满目。例如，透过吴冠中的绘画作品，可以感受中西文明交融的历史，体会不同文明交相辉映的魅力；在“雪如意”“冰丝带”等冬奥会场馆（见图1-34），可以感受中华优秀传统文化的深厚内涵，领略中国魅力。

通过欣赏和感受中国文艺作品之美，有助于赓续中华优秀传统文化，形成开阔的视野和包容的心态，增强文化自觉和文化自信，增强做中国人的志气、骨气、底气，从而树立和坚持正确的历史观、民族观、国家观、文化观。

▲ 图1-33　《千里江山图》局部（王希孟）

▲ 图1-34　北京冬奥会场馆

（资料来源：人民网，http://cpc.people.com.cn/n1/2021/1108/c64387-32275976.html，有改动）

第二单元

心灵的熏陶：审美活动

本章导读

美无处不在，无时不在。因此，人们的审美活动随时随地都可能发生，有些是在无意识的状态下自然而然发生的，有些是在有意识的情形下发生的。通常情况下，根据人们主观体验的不同，可将审美活动分为休闲性审美、情感性审美、精神性审美、思想性审美四种类型。这四种类型表现在美感体验上，分别是直觉反应、情感体验、精神感受和思想分析。

第一节　直觉反应

【美的印象】

作为世界上最著名的、最具话题性的绘画作品之一，《蒙娜丽莎》（见图2-1）塑造的是文艺复兴时期一位城市资产阶级的贵妇形象。画中人物坐在一把半圆形的木椅上，坐姿优雅，笑容微妙。人物没有眉毛和睫毛，但面庞看起来十分和谐。当直视人物的嘴巴时，会觉得她没怎么笑，然而当看着她的眼睛，感觉到她脸颊的阴影时，又会觉得她在微笑。人物背后是一道栏杆，隔开了人物和背景。背景中有道路、河流、桥、山峦，它们在达·芬奇“无界渐变着色法”的笔法下，和蒙娜丽莎的微笑融为一体，散发着梦幻而神秘的气息。

▲ 图2-1　《蒙娜丽莎》

当我们欣赏这幅旷世名作时，作品中那如梦般的、无以言说的神秘微笑似乎一下子就吸引住了我们的目光，然后再联系人物周围的环境，整幅作品很容易让我们沉醉其中，无法自拔。在这个过程中，人们对《蒙娜丽莎》的美似乎有一种天生的感悟能力，并且这种感悟是在无意识的状态下自然发生的。这是因为美可以使人刹那间忘记一切，只顾聚精会神地欣赏它。而这种人们自身对美的事物的不假思索的领悟能力被称为直觉反应。

【美的视窗】

在审美过程中，直觉反应一般表现在休闲性的审美活动中，如自然审美、艺术审美和生活审美等。

一、自然审美

自然美的事物能够引起人们的直觉反应，唤起人们的美感体验。例如，早上看到日出之景，人们会感受到新生的力量，从而内心充满希望；晚上看到皎洁的月亮，人们会感受到宁静与安详，也可能由月亮勾起思念之情；登山时看到四周环绕的群山（见图2-2），人们会产生“会当凌绝顶，一览众山小”的豪迈气概；散步时看到公园里春意盎然（见图2-3），人们会不由得感到舒适和惬意。

在自然审美过程中，人们的直觉美感是自身对自然万物的直接感受。在大自然美景的怀抱中，人们的心情得到了放松，心灵得到了净化。

▲ 图2-2　登高望远

▲ 图2-3　公园里的春意

二、艺术审美

与自然审美不同，艺术审美的对象以艺术作品为主。艺术作品是艺术家为了满足人们的审美需求而创造的比现实事物更典型、更美的艺术形象，它给予人的是一种更高层次的审美愉悦和审美享受，并在触动人的精神和情感层面上发挥作用。因此，艺术审美比自然审美更容易引起人们的直觉反应。

在艺术审美过程中，最先发生的是直觉反应，然后才是情感体验、精神感受和思想分析等深层次的审美活动。例如，人们在欣赏《蒙娜丽莎》画作时，首先感受到的是作品中人物的形体美、色彩美、构图美等形式上的美，在经过仔细观察和分析之后，才能领悟到作品中深邃、朦胧、高尚的精神美；倾听歌曲《春江花月夜》时，首先感受到的是唯美的歌词、甜美安静的曲调，而作品背后表达的情感、创造的意境及表达的人生态度只有展开联想和想象并进行思想分析才能体会到。

《春江花月夜》古诗词歌曲

三、生活审美

生活中的事物可以直接作用于人的感官，因此生活审美凭借感知觉就能完成。人们在生活中获得的直觉美感是非常丰富的。例如，当人们品尝美食时，可以通过美食带来的色、香、味、形获得视觉、味觉等感知觉的审美，如图2-4所示；当人们看到一件好看的衣服时，首先能够感受到衣服的款式美、色彩美、面料质感美，穿上之后又感受到衣服面料的舒适之感。

▲ 图2-4　生活中的美食

【美的欣赏】

一、朦胧之美

大自然中的景观千姿百态，有些奇特壮观，有些朦胧含蓄。例如，清晨时分，荡于湖面上的孤舟在薄雾的笼罩下与湖水融为一体，呈现出缥缈的意境之美（见图2-5）；午后森林中，光线透过树叶照射下来，刹那间交织出幽远的静谧之美（见图2-6）；雨后天晴，多姿的色彩透过玻璃，在雨滴的衬托下映照出动感的虚幻之美（见图2-7）；江南烟雨中，白墙黛瓦，暮色四合，构成一幅浓墨浅彩、清新优雅的水墨画（见图2-8）。这些朦胧美可以为我们构造一种特定的意境，使我们在明白又模糊的状态中获得特殊的审美感受。

▲ 图2-5　湖面上的孤舟

▲ 图2-6　阳光照射的森林

▲ 图2-7　朦胧的雨景

▲ 图2-8　江南烟雨

二、形式之美

形式美是指自然界和艺术作品中的各种形式因素（色彩、形体、声音等）有规律地组合，从而形成的客观事物的外观形式的美。人们经过长期重复的审美活动，会对美的形式越来越熟悉，因此人们看到形式美便能引起美感反应。在自然界和艺术作品中，形式美无处不见，从色彩搭配到创意的切入等都遵循着形式美的法则，如节奏与韵律、对比与调和等，如图2-9、图2-10所示。

▲ 图2-9　自然界中的形式美（节奏与韵律）

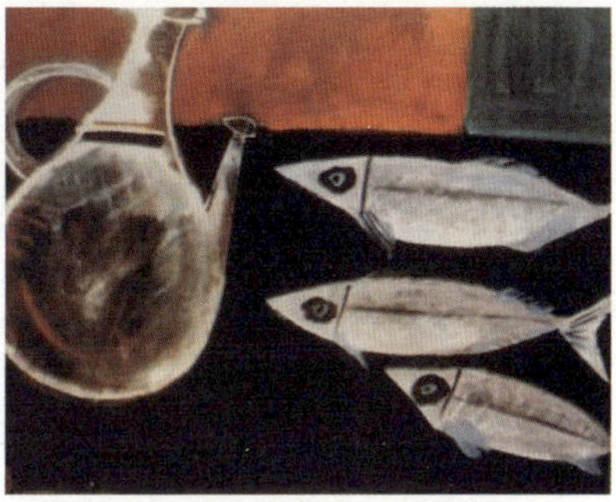

▲ 图2-10　艺术作品中的形式美（对比与调和）

三、秩序之美

在生活中，有序不仅能使人安定下来，还能呈现出有规则、有节奏的文明之美。例如，公共秩序影响着人们的方方面面，喧闹、杂乱、失控的人群让人烦躁崩溃，而流畅的秩序不仅展现出一种别样的“秩序之美”，还能节约人们的出行时间，提高生活品质，如图2-11所示。

▲ 图2-11　商场楼梯上流畅的秩序

【美的体验】

在中国这片古老而又神奇的土地上，有着多姿多彩的地貌地形，有着各族中华儿女，也有着各类珍奇野兽、奇花异草。请同学们观看纪录片《美丽中国》（见图2-12），欣赏祖国的秀丽风光。

《美丽中国》片段

▲ 图2-12　纪录片《美丽中国》剧照

第二节　情感体验

【美的印象】

母爱不是人类特有的情感，而是自然界中共通的情感，如图2-13所示。正因为母爱的无私与伟大，大自然中的新生命才能焕发出勃勃生机。著名诗人高尔基曾说："母爱是世间最伟大的力量。没有无私的、自我牺牲的母爱的帮助，孩子的心灵将是一片荒漠。"这种无私的情感会代代相传，感动着世间的每一个生灵。

▲ 图2-13　自然界中的母爱

【美的视窗】

在实际生活中，人们能够在自然观照和艺术欣赏活动中获得一定的情感体验。

一、自然观照

大自然中的风光、生命可以带给我们多种多样的情感启示。因此，很多事物被人们赋予了思想内涵，用来象征人类美好的情感。例如，古时人们常常用并蒂的莲花、缠绕的连理枝和双栖的鸳鸯（见图2-14）来表达至死不渝的爱情，用老牛舐犊、燕雀反哺和羊羔跪乳（见图2-15）来表达亲情；用风云做伴、藤树相依和善水载舟来表达友情。

▲ 图2-14　鸳鸯戏水

▲ 图2-15　羊羔跪乳

同时，人们也通过对自然界中的事物和景象展开丰富的联想，获得真实的情感体验。例如，大自然中常见的树叶从发芽到最后归于尘土，整个过程都能够引发人们的无限遐想：最初，嫩芽从树枝上萌发，人们感受到生机勃勃（见图2-16）；当嫩芽长成一片片绿油油的树叶时，人们体会到树木对叶子的滋养、叶子对树木的庇护；秋天树叶穿上了金黄色的礼服，为了报答树木的恩情，叶落归根（见图2-17）。从树叶身上，人们不仅能够得到精神的激励，还能获得真情的洗礼。

▲ 图2-16　新生的树叶

▲ 图2-17　叶落归根

二、艺术欣赏

艺术欣赏是一种通过艺术作品激发人们的情感反应，对人们进行熏陶和感染，从而美化人的心灵、振奋人的精神的审美活动。艺术家在进行艺术创作的时候，把自己的思想感情、审美理想都倾注到了艺术作品的可感形式中，因此艺术欣赏不只是理性的认识活动，而是和情感体验紧密联系在一起的。

例如，人们欣赏李白的“蜀道难，难于上青天”诗句时，不只是理解了字面意思，还感受到了语言的铿锵之美及溢于言表的气势和激情；观看一部电影时，也不只是了解了作品叙述的剧情或感受到了作品中的音乐、画面中的色彩，还会被剧中人物细腻的情感所触动。

【美的欣赏】

一、思念之美

古诗《行行重行行》（见图2-18）反映了东汉末年动荡岁月中一位妇女对亲人的深切思念，诗中情深缱绻，相思无尽。全诗如歌如诉，韵味深长，语言朴素自然又精练生动，风格淳朴、清新。

▲ 图2-18　古诗《行行重行行》

“胡马依北风，越鸟巢南枝。”是诗中广为传唱的两句。其中，“胡马”（见图2-19）泛指北方的马，古时称北方少数民族为胡。“越鸟”（见图2-20）指南方的鸟。这两句的意思是从北方来的马依恋北风，从南方飞来的鸟喜欢将巢筑在朝南的枝头上。不难看出，这首诗想表达“依北风”“巢南枝”是大自然中动物怀念乡土的本能表现，动物尚且如此，更何况人呢？

万物皆有灵，大自然中有许许多多意想不到的启示和生生不息的感动，只要我们留心，就会有所发现。

▲ 图2-19　胡马依风

▲ 图2-20　越鸟朝南

二、真情之美

《岁月神偷》片段

真情是艺术创作的精神内核，优秀的作品总能带给观赏者丰富的情感体验。电影《岁月神偷》（见图2-21）便是一部让人流泪的真情之作，其主要讲述了发生在二十世纪六十年代风云变幻的香港，一个普通家庭经历世间冷暖、尝尽人生百味的故事。影片的大概剧情是：罗家原本是一个幸福的家庭——恩爱的夫妻二人、优秀的老大和调皮捣蛋的弟弟。他们的生活虽然贫穷，但也其乐融融。天有不测风云，一家人先后经历了台风、哥哥重病的人生变故，可贵的是，他们在困境中仍然乐观、坚强地生活着，从不怨天尤人。

这部作品透过细腻的情感表现出对生命、生活的回望。真实的故事情节，饱满、真挚的情感体现在精到的细节描写中。让人印象最深刻的是老罗特意为脚上长了鸡眼的老婆做鞋的片段，他们的大儿子生病住院之后，老罗想到老婆每天去医院给大儿子送饭，路远难走，于是精心为老婆做了一双舒服的新皮鞋。老婆为新鞋取了名字，叫“佳难”，她常说，一步佳，一步难，就像人生，起起伏伏。她也总说，做人，一定要有“信”。而她的“信念”、她的“希望”不是凭空长出来的，是“爱”赋予了她这样的力量。从这里可以体会到人物内心深刻的情感：因为有爱，就算有困难，心里也是温暖的。

岁月虽然“偷”走了许多，却偷不走心中最宝贵的东西，由此也揭开了影片的主旨——唯有爱，才抵得住岁月神偷。

▲ 图2-21　《岁月神偷》剧照

【美的体验】

在本节一开始我们领略了自然界中的母爱，那么，母爱在艺术作品中是如何体现的呢？图2-22是以“母爱”为题材的世界名画，分别是拉斐尔的《花园中的圣母》、安德烈亚的《绿垫圣母子》、达·芬奇的《圣母子与圣安娜》，请同学们从人物形象、画面氛围及情感表现等方面进行赏析。

《花园中的圣母》

《绿垫圣母子》

《圣母子与圣安娜》

▲ 图2-22　世界名画中的“母爱”

第三节　精神感受

【美的印象】

《蜗牛》

《蜗牛》歌曲

该不该搁下重重的壳
寻找到底哪里有蓝天
随着轻轻的风轻轻地飘
历经的伤都不感觉疼

我要一步一步往上爬
等待阳光静静看着它的脸
小小的天有大大的梦想
重重的壳裹着轻轻的仰望

我要一步一步往上爬
在最高点乘着叶片往前飞
小小的天流过的泪和汗
总有一天我有属于我的天

我要一步一步往上爬
在最高点乘着叶片往前飞
任风吹干流过的泪和汗

我要一步一步往上爬
等待阳光静静看着它的脸
小小的天有大大的梦想
我有属于我的天

任风吹干流过的泪和汗

总有一天我有属于我的天

相信大家一定听过《蜗牛》这首歌。这首歌积极向上，曲调舒缓却有力量，歌词质朴平实，催人奋进，也让我们领悟到了蜗牛（见图2-23）奋斗不屈、永不放弃的精神之美。

▲ 图2-23　蜗牛

每个人都有自己的梦想，每个人也都在思考着如何去实现自己的梦想，但并不是每个人都能做到像蜗牛一样执着追求，无怨无悔。我们不是蜗牛，但我们应当拥有歌词当中的蜗牛精神，坚持不懈地追求我们的梦想。

【美的视窗】

人们的精神感受来自无处不在的客观事物。无论是在自然界还是在人类社会，都广泛存在着一些看似很普通、很平常的事物，但只要对这些事物加以审美分析，就会发现它们具有一种令人振奋的精神美。

一、大自然的精神启示

人类社会的进步和大自然有着密不可分的关系。老子曾说："人法地，地法天，天法道，道法自然。"意思是说人要从自然中学习道理。大自然是人类的老师，是人类智慧的源泉，人们可以从大自然中学习各种知识，领悟深刻道理。例如，成熟的麦穗往往低着头（见图2-24），那是在教我们谦虚；渺小的水珠能够滴穿岩石，那是在教我们坚韧……在自然界中，具有精神美的事物随处可见。只要我们善于观察，善于积累，就可以从自然中获得激励和鼓舞，助力成功的人生。

▲ 图2-24　低头的麦穗

知识拓展

法国思想家蒙田曾说过：“真正有知识的人的成长过程，就像麦穗的成长过程，麦穗干瘪的时候，麦子长得很快，麦穗骄傲地高高昂起，但是，麦穗成熟饱满时，它们开始谦虚，垂下麦芒。”（摘自《蒙田随笔全集》）

对于麦穗来说，倘若不低头，风会将之吹折，雨会将之打湿，鸟儿也会将其作为食物而啄食。低头一方面是为了避免危险的冲撞，让自己更好地成熟；另一方面也是对已有成绩的谦虚，不张扬、不炫耀。植物尚且如此，我们在人生中更应如此。

低头，不只是一个动作，也是一种智慧、一种豁达的胸怀，适时的低头，不是委曲求全的懦弱，而是“留得青山在，不怕没柴烧”的深谋远虑。

越有才、越有能力的人，往往越谦虚，反而那些没什么知识、没什么才能的人总觉得自己了不起，才会高傲地“抬着头”。人生旅途，荆棘密布，低调做人，我们的人生才会走得更顺利，更长远。

（文章部分来自网络，有改动）

二、艺术作品中的精神传达

大自然能够带给人们精神启示，艺术作品同样也能够带给人们美好、积极向上的精神享受。相比自然景物，艺术作品所展现的精神美更加典型和突出，带给人的激励和鼓舞也更为强烈。

艺术的精神作用在中国传统绘画艺术中有突出的体现，画家们通过精湛的技法展现所绘对象的内在精神和气韵，并在其中融入自己的价值追求。例如，元代画家王冕在其所画《墨梅图》中，不仅画出了花密枝繁、强劲有力的梅花形象，而且题以诗句“吾家洗砚池头树，朵朵花开淡墨痕。不要人夸好颜色，只留清气满乾坤”，用来突出梅花不畏严寒、傲骨峥嵘、清雅高逸的高尚精神，如图2-25所示。

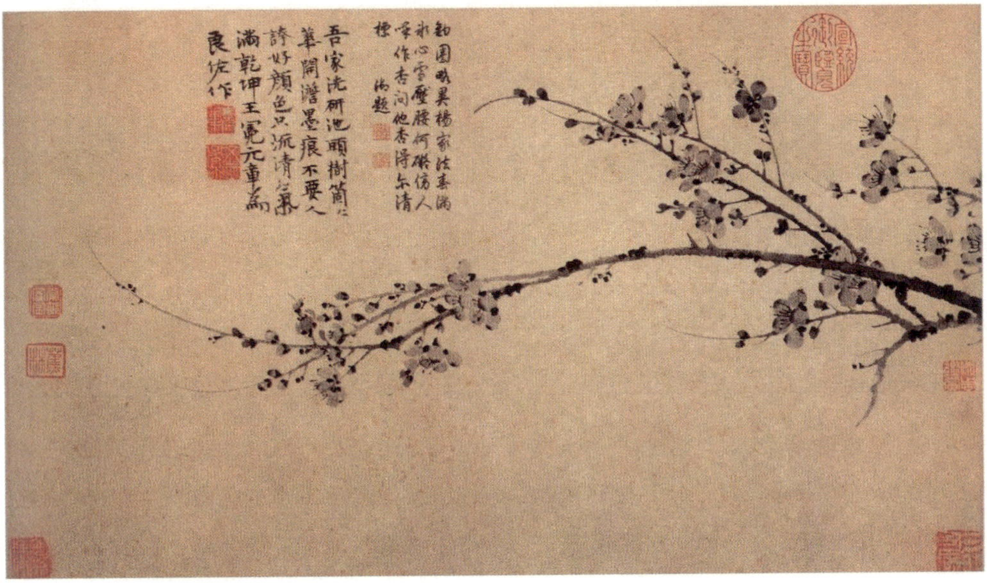

▲ 图2-25　《墨梅图》

【美的欣赏】

一、蜜蜂之美

▲ 图2-26　蜜蜂

蜜蜂（见图2-26）是一种在花丛中采花酿蜜的昆虫，是勤劳奉献的象征。唐代诗人罗隐在《蜂》中写道：“不论平地与山尖，无限风光尽被占。采得百花成蜜后，为谁辛苦为谁甜？”这首诗很好地描述了无论在平地，还是高山，哪里有鲜花迎风盛开，哪里就有蜜蜂奔忙的情景。蜜蜂不辞辛苦地奔波在春天里，餐风饮露，采花酿蜜。它们忘了时间，忘了地点，只管付出，不求回报。在蜜蜂身上，不仅彰显着勤劳的美德，还体现了崇高的奉献精神。

二、石间植物之美

大自然并非对每个生命都施以恩惠，有些生命面对的生存环境异常恶劣，而它们能在这种困境中顽强生存，依靠的是震撼人心的生命力。例如，石缝间的野花，虽然叶子稀疏，但仍然将根深埋在狭窄的缝隙中，尽情绽放，仿佛告诉人们，生命就是拼搏，如图2-27所示；山上的松柏，或扎根在峭崖绝壁，或破石而生，即使经受千百年的狂风洗礼和大雪压顶，仍然苍翠常青，风姿独具，如图2-28所示。这些石间生命展现给人们的不仅是装点荒山枯岭的层层葱绿，更是倔强、顽强、坚韧不屈的品格，以及震慑心灵的精神力量。

▲ 图2-27　扎根石间的野花

▲ 图2-28　山间奇松

三、奔马之美

这幅扬鬃奋蹄、虎虎生威的《奔马图》（见图2-29）是国画大师徐悲鸿的作品。徐悲鸿画这幅画时正值第二次长沙会战期间，他忧心战事，于是连夜作画，寓情于笔墨间，表达自己的爱国、忧国之情。

这幅画笔势飞泻直出，线条遒劲流畅，画中没有马鞍，没有缰绳，只有在广袤的原野上自由奔跑的马匹。马匹四蹄腾空，马鬃在风中飞扬，马尾在风中飘散，将奔马斗志昂扬的神态表现得淋漓尽致。同时，马匹的透视感较强，前伸的双腿和马头有很强的冲击力，似乎要冲破画面。作品给人以有力、刚劲的气息，具有动人心魄的力量。在那个特殊的年代，这幅《奔马图》彰显出战火纷飞的峥嵘岁月下中国人的风骨，鼓舞了民族士气。

▶ 图2-29 《奔马图》

【美的体验】

“梅兰竹菊”被称为四君子，请分别找出并赏析与它们相关的艺术作品，如郑板桥画的竹子、李商隐写的《菊花》、陆游写的《卜算子·咏梅》等，体会“四君子”内在的精神美和相关作品表达的思想感情。

第四节　思想分析

【美的印象】

在生活中，有孝心的人常常被世人赞美，他们为父母排忧解难，照顾家人（见图2-30），承担家务。在他们身上，我们可以看到孝老爱亲的美好品质。

▲ 图2-30　生活中的行孝场景

孝顺是儿女对父母应尽的本分。父母给了我们生命，教会我们做人的道理，我们的健康成长离不开父母对我们的爱。父母渐渐苍老的容颜，记载着为我们付出的点点滴滴。只有心存孝道，才能领悟到亲情的温暖，才能激励自己茁壮成长。

俗话说："百行孝为先"，孝顺父母在中华民族传统美德中是占第一位的。木兰代父从军、王祥卧冰求鲤、黄香温席，古往今来多少名人轶事无不向我们展示着孝顺这一历史悠长的文化。纵观现实社会，有人为了医治父母，千金散尽；有人为了私利，虐待老人，甚至抛弃至亲。美与丑，善与恶，全在一念之间。

【美的视窗】

作为一名大学生，我们要有判断美丑善恶和分辨是非的能力，这种能力是我们为人处世的基本能力，也是健康成长的重要基础。想要培养这种能力，最重要的是要有自己的价值判断和道德标准。社会生活千姿百态，有善有恶，有美有丑，我们要懂得对人的行为、社会现象及类文化事物进行思想上的分析和判断，树立正确的价值观和审美观。

一、人的行为

人的行为指人的行动、举止，是个体在社会实践中的直观表现。那么，什么样的行为是美的？什么样的行为是丑的？其实，无论在哪种文化背景下，人的行为美丑都有一些基本的评价标准。这些标准首先要符合人类最基本的文明观念，其次要符合本民族的道德规范，最后还要符合同一时代背景下人们的审美观和价值观。

简单来说，能够自觉约束自己的行为，讲文明，树新风，让自己的行为符合社会道德规范，那么在人们的心中你便是美的。例如，走进校园，看到同学在打扫卫生，主动前去帮忙（见图2-31）；一节课匆匆过去，当老师用沙哑的声音说“下课了”，怀着一颗感恩的心，向老师说一声“再见”。这些都是行为美的体现。而随意破坏公共环境，违背社会道德规范，如在树木、名胜古迹上乱刻乱画、在公共场合乱扔垃圾、随地吐痰、践踏花草等，这些行为具有明显的破坏性，当然谈不上美了。

▲ 图2-31　打扫校园卫生

二、社会现象

人总会受到社会环境的影响，而社会环境具有多样性，有些社会现象充满正能量，有些社会现象却会带来负面的影响。例如，近年来在青少年中普遍存在盲目追星的现象，部分青少年对明星过度崇拜，疯狂迷恋，甚至丧失自我，荒废了自身的学习和生活；又如，如今加入“手机一族”的学生越来越多，他们在上课期间用手机玩游戏、看小说，影响了正常的课堂秩序和自身的学习。

社会现象复杂多变，当我们面对它们时，要注意分析其思想内容，分辨是非、美丑。对于那些传递温暖的现象，要大力发扬；对于那些不良现象，要坚决抵制、不受其干扰，坚守健康向上的人生道路。

三、类文化事物

凡是以貌似文化的形式出现的事物，统称为类文化事物。但类文化事物只有文化的表现形式，没有文化的基本内涵。类文化事物包括非文化事物和反文化事物两种类型。

非文化事物是指那些既不能对人们产生积极影响，也不会对人们造成危害的事物，如纯粹娱乐性的笑话、小品、魔术、模仿秀等。

反文化事物是指那些危害人们思想和精神健康，给人们带来精神伤害的事物，如青少年中的功利、拜金、利己主义倾向，社会中各种恶劣的犯罪行为等。反文化事物容易腐蚀人们的心灵，动摇人们的信念，使人们丧失仁爱之心，严重的甚至使人行为失控，如一些人因为物欲膨胀而走上抢劫、盗窃的犯罪道路。因此，我们要善于识别和抵制反文化事物，维护自身的身心健康。

【美的欣赏】

一、礼仪之美

2017年9月1日晚，大型公益节目《开学第一课》在央视播出。节目中主持人董卿采访了著名翻译家许渊冲老先生。为了照顾坐在椅子上的老人，董卿穿着裙子跪地采访（见图2-32），被网友们称赞为“跪出了最美的中华骄傲”。

中华民族自古以来就是礼仪之邦，强调“为人子，方少时。亲师友，习礼仪。”中华礼仪是我们的传统文化，也是一个人素养、品质和精神世界的外在表现。礼仪之美体现在方方面面，在与他人交谈时，多用“请”“谢谢”“对不起”等礼貌用语，可以让人如沐春风；与人交往时，态度诚恳、语气亲切、尊重他人，不出言不逊、强词夺理，可以创建和谐的人际关系；在公共场合时，保持头发整洁、修饰得体、互相礼让的仪表仪态，可以给人留下美好的印象；到图书馆、阅览室学习时，不高声喧哗或窃窃私语，可以创建更文明的学习环境。

▲ 图2-32　尊敬师长行为礼仪

二、宽容之美

"六尺巷"的故事

清代康熙年间有个大学士名叫张英，一天张英收到家信，说家人为了争三尺宽的宅基地，与邻居发生纠纷，要他用职权疏通关系，打赢这场官司。张英阅信后坦然一笑，挥笔写了一封信，并附诗一首："千里来书只为墙，让他三尺又何妨？万里长城今犹在，不见当年秦始皇。"家人接信后，让出三尺宅基地，邻居见了，也主动相让，于是就有了六尺巷。

"六尺巷"的故事

从这个故事我们可以看出，做人宽容大度，有包容之心，才能成人成己之美，才能与人为善，和睦邻里。那么，什么是宽容呢？宽容就是以谅解和包容的心态去对待与自己不同的观点、意见、性格和志趣，甚至是别人的过错和冒犯，从而与人和谐相处。俗话说，宰相肚里能撑船，冤家宜解不宜结。生活中我们难免会与人产生争执，这时如果你不让我，我不让你，很容易引发矛盾和争斗。因此，我们需要学会宽容，忍一时风平浪静，退一步海阔天空。

正所谓，深邃的天空容忍了雷电风暴，才有了风和日丽；辽阔的大海容纳了惊涛骇浪，才有了浩渺无垠；苍莽的森林忍耐了弱肉强食，才有了郁郁葱葱。多一点宽容，多一点担待，一切都会变得更加美好。

三、奉献之美

近年来，大学生到偏远山村支教的公益活动（见图2-33）在校园里日益盛行。俗话说："赠人玫瑰，手留余香"，支教于山区的孩子，于我们自身，都有着非凡的意义。对于山区的孩子来说，支教老师能给他们温暖的陪伴，让他们对外面的世界多一分了解，帮助他们学到更多的知识。尤其是那些留守儿童，他们本来就渴望父母的关爱，支教老师能给他们带来心灵上的慰藉，让他们在成长中感受到爱的温暖，从而对未来充满希望。对于大学生来说，支教能锻炼自己的社会实践能力和表达能力。同时，与孩子们交流时常常会被他们的浓浓真情所感动，从而得到心灵上的陶冶。

支教是一种奉献，是一种成长，支教有情，青春无悔。大学生作为时代先锋，应积极支教，在支教岗位上勇于担当，积极奉献，展现大学生良好的精神风貌，为国家贡献出自己的一份力量。

▲ 图2-33　支教志愿者

【美的体验】

为了加强同学们的美丑观、是非观，请以"立德树人，与爱同行"为主题组织一次班会，具体内容如下：

（1）班长介绍"立德树人"的含义，以及此次班会的主要内容。

（2）请每位同学（或者小组代表）发言，介绍身边的典型模范，讲述对"立德树人"的理解。

（3）全体同学签订"立德树人"承诺书，承诺以后定期组织爱护环境、关爱老人、奉献社会等公益活动。

（4）每位同学写一句有关"立德树人"的话语，贴在公告栏里。

（5）班长总结此次班会，呼吁大家把"立德树人"践行到生活中的点点滴滴。

素质园地

聚焦军旅美术，赓续红色血脉

近年来，军旅美术工作者在扎根军营的同时，自觉融入时代洪流，以理想信念、责任意识和英雄情怀浸润创作。在近期多项国家重大主题美术创作工程中，军旅美术中涌现出许多优秀作品，为传承红色基因、续写红色新篇凝聚了强大的精神力量。

2021年6月27日，“不忘初心，牢记使命——庆祝中国共产党成立100周年美术作品展览”在中国共产党历史展览馆开展。其中，军旅美术工作者的作品占据了相当的比重，如油画《秋收起义》《三大主力红军会师》《平型关大捷》《红地毯述》《历史的星空——两弹一星功勋科学家们》《清晨的三沙》《五四运动》（见图2-34）等，中国画《百团大战》《重申“四个现代化”》《飞天圆梦》《龙腾大湾》《东北抗日联军》（见图2-35）等。

创作者在现实主义创作思想的引领下，广纳博取，着力将军旅美术的审美特质与时代语境相结合，不仅在形式语言上体现出新时代的审美特征，而且在主题开拓和精神发掘方面，达到了历史真实和艺术真实的高度统一。

强军先强魂，新时代的军旅美术创作，以丰富多元的艺术形式，描绘中国革命波澜壮阔的史诗画卷和中国特色强军之路的宏阔景象，热情讴歌人民军队矢志强军兴军的坚定意志和时代风采，彰显出军旅美术的凝聚力和艺术感染力，为满足广大官兵日益增长的精神文化需求，做出了积极贡献。

▲ 图2-34 《五四运动》（许江、孙景刚、邬大勇）

▲ 图2-35 《东北抗日联军》（黄洪涛）

（资料来源：中国共产党新闻网 http://cpc.people.com.cn/n1/2021/0801/c64387-32177000.html，有改动）

第三单元

曼妙的世界：自然美

本章导读

自然美是指各种自然事物美的属性和非自然事物本身具有的美的特质。自然美的本质是“自然的人化”或“人化的自然”，具有丰富多彩、气象万千的特点，其具体、鲜明、感性的形式能带给人美感，这种美感往往令人流连忘返。自然美具有广泛的认同性，是人们审美思想形成和各种审美标准产生的基础，也是生活美、艺术美、技术美的创造参考和范本。无论是欣赏美，还是创造美，都要从认识自然美开始。

第一节　事物之美

【美的印象】

“迎来送往有奇松，不论阴晴雨雪中。今被浮云遮盖住，依然美雅露忻容！”这首诗描写的是黄山迎客松。迎客松是黄山的标志性景观，具有数千年历史。

黄山迎客松（见图3-1）饱经风霜，仍然郁郁苍苍、苍翠挺拔，充满生机，其一侧枝丫伸出，仿佛人伸出一只臂膀欢迎远道而来的客人，姿态优美，给黄山增添了无穷的诗情画意，也给游人带来了美的感受。

▲ 图3-1　黄山迎客松

【美的视窗】

事物美是指自然界中的各种自然事物所呈现出的美好状态。事物美既是自然的主体部分，也是一切创造美的基础。在大千世界里，事物美虽千姿百态、各具特色，但也有其共性，绚丽的色彩、悦耳的声音、流畅的外形等是事物美的重要共性要素。

一、基础与参照

当事物美丽的外表引起人们的注意，人们认识美、发现美的过程就开始了。人们在认识美、欣赏美的过程中，审美意识不断增强，并随之产生了创造美的欲望。例如，上古时代，人们看到湿泥巴落入火堆中被烧成了坚硬的器物，受此现象的启发，产生了创造美的欲望。而后人们又在与大自然长期接触的过程中，逐渐具备了创造美的能力，于是一些简单的器皿就被创造出来了。

早期的器皿（见图3-2）质地粗糙，造型笨重，颜色单一，多为土褐色。随着与大自然的进一步接触，人们通过观察，发现在风的吹拂下水面波光粼粼，景象十分美妙。于是，人们便将美丽的水波纹画在器物上（见图3-3），这就创造了装饰美。

▲ 图3-2　陶盂

▲ 图3-3　水波纹彩陶

人们对自然美的发现和利用在上古时代的装饰品上体现得非常明显。例如，人们很早就发现贝壳具有色彩斑驳的颜色美、玉石具有晶莹剔透的光泽美、兽牙具有光滑均匀的质地美。人们认识了这些美的事物后，脑海中逐渐形成美的意识，他们把贝壳、玉石、兽牙等这些代表美的东西收集起来，打洞串在一起，挂在脖颈上，制成了最原始的项链，如图3-4至图3-6所示。

▲ 图3-4　穿孔贝壳项链

▲ 图3-5　穿孔玉石项链

▲ 图3-6　穿孔兽牙项链

二、存在类型

自然界中的事物千姿百态，不同事物所创造的自然美各不相同。一般来说，自然美大致可以分为天地日月、山水树石、鸟兽鱼虫、花草果蔬四大类。

1．天地日月

天地日月的美，表现为博大与高远、生机与活力、光明与温暖、缥缈与宁静，这种美是自然形成的，会随着时间、气候、季节的变化呈现不同的面貌。

早上的天空蔚蓝透亮，晚上的天空昏暗静谧，雨中的天空乌云翻滚（见图3-7），晴朗的天空温暖湛蓝。

平原辽阔，山川秀丽，峡谷险峻，春天的大地碧绿苍翠、生机勃勃，冬天的大地白雪皑皑、寒冷苍茫。

初升的太阳红彤彤，透射绚烂霞光，呈现朝气蓬勃的生机美；正午的太阳明晃晃，普洒万丈光芒，呈现活力四射的活力美；傍晚的太阳金灿灿（见图3-8），呈现祥和温暖的安宁美。

月亮或皎洁似玉盘（见图3-9），或弯曲似银钩，文人墨客留下了许多描写月亮之美的诗词。例如，“明月松间照，清泉石上流”描写的是宁静美；“深林人不知，明月来相照”描写的是岑寂美；“星垂平野阔，月涌大江流”描写的是开阔美。

▲ 图3-7　天空

▲ 图3-8　夕阳

▲ 图3-9　月亮

2．山水树石

古往今来，人们常寄情于山水树石，并将其作为诗词歌赋和各类艺术作品的重要表现内容。例如，巍峨雄伟的泰山（见图3-10）、云雾迷蒙的黄山、陡峭险峻的华山、如诗如画的西湖（见图3-11）、碧波清澄的桂林、精雕细琢的苏州园林等常出现在各类艺术作品中，传递着各种美感。

▲ 图3-10　泰山

▲ 图3-11　西湖

山之美在于厚重、险峻、巍峨、俊秀。北方的山多雄伟崇高，令人心生敬畏；南方的山多郁葱俊秀，令人心生向往。春天的山妩媚葱翠，给人生机勃勃的朝气美；夏天的山青翠欲滴，给人绿荫笼盖的清凉美；秋天的山橙黄橘绿，给人赏心悦目的收获美；冬天的山银装素裹，给人悄然无声的寂静美。

水之美是由其透明、流动等自然属性表现出来的，表现为碧波如镜的宁静美，晶莹清澈的纯净美，映照斑驳的色彩美，奔腾不息的动态美、轻盈如烟的缥缈美等。例如，湖水一碧千里、波光粼粼，具有水清镜明的清澄美；瀑布飞流直下、水珠四溅（见图3-12），具有周而复始的飘逸美；小溪晶莹清澈、时缓时急，具有静谧活泼的灵动美。

▲ 图3-12　瀑布

秋日的阿尔山

感受黄果树瀑布之美

树之美在于生机和活力，也在于其多变的姿态，有风时树影婆娑、摇曳多姿，无风时高大挺拔、灵秀俊美，如图3-13所示。

石之美在于稳固、坚韧和形态（见图3-14），也在于其精神品质，如顶天立地、坚韧不拔等。园林中的石头，不管是自然形成的独特美石，还是后天加工的嶙峋巧石，它们都符合美的法则。

▲ 图3-13　古树

▲ 图3-14　竖石

3．鸟兽鱼虫

在现实生活中，很多人会养一些小动物，如小鸟、小狗、金鱼、蟋蟀等。鸟兽鱼虫各有其美，能给人带来美的享受。例如，鸟儿美丽的羽毛（见图3-15）、悦耳的歌声，鱼儿妙曼的身姿、灵动的尾巴（见图3-16），小狗机灵的特性、光滑的皮毛（见图3-17），蟋蟀灵巧的身形（见图3-18）、优美的叫声，这些都能给人带来美感与愉悦。

▲ 图3-15　小鸟

▲ 图3-16　金鱼

▲ 图3-17　小狗

▲ 图3-18　蟋蟀

4．花草果蔬

花草果蔬是人们在生活中接触最多的自然事物，也是人们进行艺术创作的重要题材。在插花工艺中，插花师会将各类花草搭配在一起，营造一种舒适自然的田园美，如图3-19所示。而果蔬进入人们的生活后，成为人们质朴生活的一部分，更成了生活美的重要组成部门。

▲ 图3-19　插花工艺

花之美在于颜色、姿态和香味。例如，牡丹的色、姿、香、韵俱佳，花大色艳，花姿绰约，艳压群芳，具有“花中之王”的称号（见图3-20）；荷花亭亭玉立，出淤泥而不染，姿态盎然；梅花的香味别具神韵、清逸幽雅，沁人心脾、催人欲醉，被历代文人墨客称为“暗香”。

感受洛阳牡丹之美

草之美在于颜色、活力和生机。例如，薰衣草的叶形、花色优美典雅，蓝紫色花序颀长秀丽（见图3-21），既可条植，也可盆栽观赏，给人极具感染力的色彩美和韵味美。又如，蒲公英未开花时，叶呈波齿状，开花时结成白色毛冠绒球，随风飘扬，给人柔和轻盈的自然美和生机美。

▲ 图3-20　牡丹

▲ 图3-21　薰衣草

果蔬之美在于诱人的颜色和爽口的味道。例如，樱桃色泽鲜艳、晶莹美丽，红如玛瑙（见图3-22），黄如凝脂；黄瓜甘甜、爽口、清香，脆嫩多汁，色感俱佳（见图3-23）。它们都能给人们带来视觉上的美感和味觉上的享受。

▲ 图3-22　樱桃

▲ 图3-23　黄瓜

【美的欣赏】

泰山日出（见图3-24）壮观瑰丽，是岱顶奇观之一。在泰山顶上看日出，与平原或海上是不同的。初起时，天暗沉沉的，西方是一片铁青，东方有些微白。当第一缕曙光撕破黎明前的黑暗，东方天幕由漆黑逐渐转为鱼肚白、红色，直至耀眼的金黄，万道霞光喷射而出。最后，一轮旭日跃出云海，腾空而起，天空顿时光芒万丈。整个过程像一名技艺高超的魔术师在表演，在瞬息间变幻出千万种多姿多彩的画面，令人叹为观止。

泰山日出

▲ 图3-24　泰山日出

【美的体验】

浏览中国国家地理网（http://www.dili360.com）和Unsplash网（https://unsplash.com），欣赏天地日月、山水树石、鸟兽鱼虫的自然之美（见图3-25），挑选出几幅喜欢的作品分享给朋友，并发表自己的感想。

▲ 图3-25　动物、植物之美

第二节　景象之美

【美的印象】

蔚蓝的天空下，麦子在微风的吹动下形成了金色的波浪（见图3-26），一起一伏，沙沙作响，似乎是一段优美的旋律，令人回味无穷。涌动着的金色麦浪，漫山遍野，滚滚的麦浪把大地染成一片黄，黄得殷实、浩荡、蓬勃，黄得翻江倒海、惊心动魄、金光灿灿。这一幕，让人感受到了丰收之美。

夏日的午后，站在风和日丽的田野中，欣赏一望无际的金色麦浪，感受沁人心脾的麦香萦绕发间。

▲ 图3-26　麦浪

【美的视窗】

景象之美指的是事物的群体美。对于景象而言，无论是由一组同类的事物构成，还是由一组不同的事物构成，其基本特征都是以群体形式表现的。相对于个体事物美而言，群体性的景象美所带来的视觉冲击力更强。

中国古典诗词中描写景象之美的句子有很多。例如，王维的《使至塞上》中的“大漠孤烟直，长河落日圆”描写的是大漠孤烟、落日映照的壮观美；杜甫的《江畔独步寻花》中的“黄四娘家花满蹊，千朵万朵压枝低”描写的是繁花似锦、压弯枝头的春光美；陆游的《游山西村》中的“山重水复疑无路，柳暗花明又一村”描写的是花明柳绿的旷阔美。这些美，无一例外，都是靠群体烘托形成的。

一、美感景象

美感景象是指具有充分的视觉美，能够直接触动人们视觉感受的景象。这种景象，通常让人一眼望去就觉得妙不可言。

自然界中常见的美感景象有很多，如春天的桃花林，夏天的荷花池，秋天的漫山红叶，冬天的连绵雪山等。荷花池一眼望去，令人赏心悦目，如图3-27所示。其实令人心悦的不仅是荷花、荷叶本身的形象美，还有荷叶、荷花所形成的景象的群体美。漫山的枫叶同样具有群体美，它们看起来红烈似火，比单独一棵枫树要壮观得多，如图3-28所示。

▲ 图3-27　荷花池

▲ 图3-28　枫树林

二、精神景象

精神景象是指能令人产生精神上的共鸣与联想的景象。例如，攀附在墙壁岩石上的爬山虎（见图3-29），让人联想到生命的坚强；在风沙大漠中顽强生长的胡杨（见图3-30），能给人精神上的震撼，让人联想到不屈不挠、努力拼搏的精神。

精神景象是一种寄景抒情的景象，欣赏精神景象时人们眼中看到的是景象朴实、直观的自然属性，可是人们心中所联想的是景象背后的顽强坚韧的生命力或其他内在美。

胡杨林的传奇精神

▲ 图3-29　墙壁爬山虎

▲ 图3-30　大漠胡杨

三、情感景象

情感景象是指具有一定的感情特征，能够使人们联想到友情、爱情、亲情的景象。情感景象的主要特征在于它能表现出感情美，人们欣赏情感景象时，既能收获情感体验，又能获得精神洗涤。

例如，人们看到鸟儿哺育幼鸟这一景象（见图3-31），便会联想到父母对子女的养育之恩；看到羊羔跪乳的景象，就会想到儿女怀感恩之心回报父母的养育之情。又如，大雁是随季节迁徙的候鸟（见图3-32），它们春去秋来的生活习性，常让人们想起故乡和亲人，于是便有了“鸿雁传书”，以寄托思乡之情。

▲ 图3-31　鸟儿哺育幼鸟

▲ 图3-32　大雁南飞

【美的欣赏】

神奇雾凇

雾凇（见图3-33）俗称“玉树琼花”，是空气中的水蒸气在低温时凝结，或遇冷时冷雾直接冻结在物体上形成的乳白色冰晶沉积物。雾凇是非常难得的自然奇观，它美丽皎洁，晶莹闪烁，团团簇簇覆盖在树枝上，远远地望去，像是满树绽放了晶莹剔透的琼花。冬季来临时，雾凇挂满枝头，把树木点缀得“繁花似锦”，壮丽迷人，好似月宫玉树。吉林松花江岸十里长堤会出现“忽如一夜春风来，千树万树梨花开”的壮观景象，如同仙境，这是北方冬季最独特的风景。

▲ 图3-33 雾凇

【美的体验】

多样的樱花景象

大自然的奥妙在于，即使是同一种事物，不同的景象也总是有其独一无二之处。扫码浏览多样的樱花景象（见图3-34），说说其中的独到之处，并试着拍一拍身边的美好景象，感受其独特的美。

▲ 图3-34 樱花景象

第三节　情境之美

【美的印象】

“春江潮水连海平，海上明月共潮生。”这两句诗将春、江、月、夜这四种自然景物集中在一起，勾勒出最动人的瑰丽画面，如图3-35所示。

“春江”“潮水”“大海”“明月”由小到大，由近及远，连成一线，最后将重心落在明月上。“月”是情景兼融之物，犹如一条生命纽带，通贯上下，处处生神。

明月从海上升起，好像与潮水一起涌出来，闪耀在千万里之遥的江面上，春江在明月的朗照之下，波光粼粼。月光荡涤了世间万物的五光十色，将大千世界浸染成梦幻一样的银灰色。

两句诗融诗情、画意于一体，在虚实相生中凸显绚烂多彩的艺术效果，宛如一幅淡雅的中国水墨画，描绘出春江月夜清幽的情境美。

▲ 图3-35　春江月夜图

【美的视窗】

情境美是指环境美。对于事物美和景象美，人们只能置身事外去欣赏；而对于情境美，人们可以亲身体验情境交融的美好，获得直接而强烈的美妙感受。大自然中的情境美千姿百态，有的雄伟壮阔，有的绚丽奇幻，有的悲凉凄婉，有的豪放阔达，有的含蓄温婉，有的朴素典雅……

不同的情境能够使人获得不同的美感体验。情境美大致可分为视觉情境、听觉情境、触觉情境和心理情境四种类型。

一、视觉情境

视觉情境是指具有充分的视觉美感，能够引起人的注意，给人以情感体验，最终让人获得审美享受的情境。视觉情境美的表现方式多种多样，有的突出视觉的清新感，有的突出颜色的明艳感，有的突出景物的丰富感和层次感。

自然界中存在各种各样的视觉情境。有的视觉情境让人心旷神怡，如满山苍翠的树木、郁郁青青的小草、五彩缤纷的花朵、婀娜摇摆的柳条、波光粼粼的湖水（见图3-36）。有的视觉情境给人寂寥苍茫感，如月圆风清的静夜、天高云淡的旷野（见图3-37）、云雾缭绕的峡谷等。

▲ 图3-36　波光粼粼的湖水

▲ 图3-37　天高云淡的旷野

二、听觉情境

听觉情境是指以声音为主要审美因素的情境，那些悦耳、自然、淳朴、清雅的，能给人美好的听觉感受的声音，都是听觉情境的重要构成要素。

聆听大自然的声音

人们听悦耳的声音时，往往会情不自禁地被带入美妙的情境。例如，春天万物复苏，唧唧啾啾的鸟鸣声、风摇细柳的沙沙声、雨润万物的淅沥声，都能让人感受到生机美。夏天，小雨拍打荷叶的滴答声、大雨倾盆的哗啦声（见图3-38），能让人感受到雨滋养大地、涵润自然的美好。秋天，风吹落叶的呼呼声、登高远游的欢笑声，能让人感受到清静、凉爽、思乡思亲的美。冬天，脚踩积雪的咯吱声、屋檐积雪融化的滴答声（见图3-39），能让人感受到寂静、纯洁、温暖的美好。自然界中的听觉情境丰富多样，只要认真聆听，随处可得妙境。

▲ 图3-38　下雨

▲ 图3-39　积雪融化

三、触觉情境

触觉情境是指必须依赖触觉才能获得美感体验和享受的自然情境。自然界中，很多情境美必须依靠触觉来感受和体验。例如，早晨的凉爽，雨后的湿润（见图3-40），冬季的寒冷，阳光照耀下的温暖，山谷中的微风（见图3-41），都需要触觉来感受和体验。

▲ 图3-40　雨后凌霄花

▲ 图3-41　风中蒲公英

自古以来，文人骚客的诗词中，有不少描写触觉情境的句子。例如，南宋志南和尚的《绝句》中写道："沾衣欲湿杏花雨，吹面不寒杨柳风。"这两句诗通过人的触觉直言春风和煦而无寒意。杜甫的"春城雨色动微寒"则是通过触觉直言春寒料峭。

四、心理情境

人们常说：“境由心生。”人的美感体验与享受，实际上是一种心理感受。心理情境是指人们接受外部环境的刺激后形成相应的感受，并与过去的经验认知相结合，而构成的一种独特的、个性化的情境。例如，人在烦躁的时候，待在湖畔旁，通常能够感受到一种平静与祥和，因为在人们的经验认知中，湖是宁静平和的（见图3-42）。

感受云南泸沽湖的宁静

▲ 图3-42　宁静的湖水

【美的欣赏】

三潭印月风光秀丽、景色清幽，是杭州西湖十大美景之一，被誉为“西湖第一胜境”。

中秋之夜，岛屿上的三个水塔挺立水中，灯光从塔中射出，宛如明月倒映在湖中。皓月当空，烟雾笼罩，碧波荡漾，天上月、湖中塔、岸边柳，相互交映，形成一幅“烟笼寒水月笼纱，一湖金水欲溶秋”的美妙意境，如图3-43所示。

▲ 图3-43　三潭印月

【美的体验】

观看由英国广播公司（British Broadcasting Corporation，BBC）制作的海洋生物纪录片《蓝色星球2》（见图3-44），感受不同的情境之美。

▲ 图3-44　纪录片《蓝色星球2》剧照

第四节　意象之美

【美的印象】

鸳鸯是一种形似小鸭的水鸟，鸳为雄，鸯为雌，经常出双入对，在水面上相亲相爱，悠闲自得，风韵迷人。它们时而跃入水中，引颈击水，时而浮在水面，追逐嬉戏（见图3-45）。

此情此景，引得文人墨客留下了众多脍炙人口的佳句。例如，李白有“七十紫鸳鸯，双双戏亭幽”，杜甫有“合昏尚知时，鸳鸯不独宿”，孟郊有“梧桐相待老，鸳鸯会双死”，杜牧有“尽日无人看微雨，鸳鸯相对浴红衣”，卢照邻有“得成比目何辞死，愿作鸳鸯不羡仙”。鸳鸯从此名声大振，成为忠贞爱情的象征。人们常将鸳鸯的图案绣在各种物品上（见图3-46），送给心爱的人，以表达爱意。“鸳鸯戏水”更是中国民间常见的年画题材。

▲ 图3-45　鸳鸯戏水

▲ 图3-46　鸳鸯绣品

【美的视窗】

意象之美是指被赋予特定人文内涵的客观物象，具有文化寓意或是象征意义，是自然美和思想美结合的产物。它以自然美的形式出现，被人们赋予某种思想或情感，用于表达一定的理想、愿望。例如，乐府诗词《孔雀东南飞》写道：“孔雀东南飞，五里一徘徊。”其中的“孔雀”是美好的象征，在这里被赋予文化意象，寓意爱情。

在中国传统文化中，以自然事物为基础的意象十分丰富，其中具有代表性的大致有日月山水、珍禽灵兽、花草树木三大类。

一、日月山水

日月山水既是大自然中最常见的事物，也是中国文化中具有丰富文化内涵和象征意义的重要意象。

1．太阳

俄国哲学家、作家车尔尼雪夫斯基说过：“自然界中最迷人的，成为自然界一切美的精髓的，正是太阳和光明。”因为有太阳的存在，万物才能生存。

作为一种意象，太阳代表着光明、温暖、时光与希望。例如，白居易的《短歌行》中写道：“曈曈太阳如火色，上行千里下一刻。出为白昼入为夜，圆转如珠住不得。”这首诗描写太阳灼热似火、光芒万丈、昼夜不停旋转的景象，诗人借此感叹时光易逝。根据太阳在不同时段的状态，人们又赋予了太阳不同的象征意义。例如，“如日中天”象征辉煌和事业有成，“夕阳”寓意人生短暂、年华美景稍纵即逝。

2．月亮

又是一年中秋时

月亮是中国文化中常见的意象，它既可以是边疆征夫心中的盼月，又可以是闺阁怨妇眼中的思月。月是人们盼聚与思念的寄托，代表着千里与共的美好愿望。例如，李白《静夜思》中的“举头望明月，低头思故乡”，苏轼《水调歌头》中的“但愿人长久，千里共婵娟”等都以月亮象征浓浓的思念之情。

自然界中，月圆月缺与人生的团圆与分离、欢乐与悲伤具有相似之处。因而诗人笔下的月常与悲欢离合联系在一起。例如，唐诗中，有“月落乌啼霜满天，江枫渔火对愁眠”的愁绪（见图3-47），也有“海上生明月，天涯共此时”的美好期盼。

▲ 图3-47　月落乌啼

3．山

山也是中国文化中常见的意象，相对于山的自然美而言，山的意象美更加丰富。人们常说“江山社稷”，这里的“江山”不再简单地指山峰、丘陵，而是指国家或是政权。又说“父爱如山”，这里的山就是取其厚重之意，象征伟大的父爱。除此之外，山还有其他象征含义，既有“仰山知峻，临水怀清”的博大与威严（见图3-48），又有“留得青山在，不怕没柴烧”的永恒与长久。

▲ 图3-48　仰山知峻

4．水

老子曾说：“上善若水”，这句话道出了水利万物而不争的美德。此后，水不再只是冰冷平静的自然景观，也成了被赋予丰富内涵的意象。水的意象美不断被后人赞叹、吟诵。

水是纯洁的象征（见图3-49）。《秋水》是《庄子》中的名篇，文中的“秋水”意为秋天的水，后用来形容女子清澈明亮的眼睛。韦庄的《秦妇吟》中有“西邻有女真仙子，一寸横波剪秋水”，王实甫的《西厢记》中有“望穿他盈盈秋水，蹙损他淡淡春山”，这里的秋水也是指明亮的眼睛。

此外，与水相关的雪、冰等事物也各有其美的象征意义。例如，张孝祥的《念奴娇·过洞庭》中有“孤光自照，肝胆皆冰雪”，王昌龄的《芙蓉楼送辛渐》中有“洛阳亲友如相问，一片冰心在玉壶”，这些诗词借冰雪的晶莹，抒发心志忠贞、品格高尚的情怀。

▲ 图3-49　纯洁的水

二、珍禽灵兽

珍禽灵兽被人们赋予了丰富的内涵，成为特定的文化意象，常作为艺术作品或雕塑的主题。具有文化意象的珍禽灵兽很多，下面仅举几个具有代表性的例子。

1．虎

中国人崇拜虎（见图3-50），认为虎勇猛、威严，是权力和力量的象征。自汉代以后，虎便成为劳动人民喜爱的保护神。经过漫长的历史演化与发展，崇虎的文化意识越来越强。至今，我国很多地方依然保留着儿童戴虎头帽（见图3-51）、穿虎头鞋的风俗习惯，人们认为这种穿戴可以驱邪、保平安。此外，山西有些地方还流行送老虎枕头的育儿习俗。每逢小孩过生日，当舅舅的都要送外甥一只或一对老虎枕头，祝福孩子茁壮平安成长。

▲ 图3-50　虎

▲ 图3-51　虎头帽

2．马

马（见图3-52）很早就出现在人们的生活中，经过驯化，成为人们得力的助手。在古代，马是人们出行的重要交通工具，古代人拥有一匹好马，就好比现代人拥有一部豪华跑车。在中国传统文化中，马是奋勇直前、自强不息的象征。人们钟爱马，创造了许多与马相关的词语，如“龙马精神”“马到成功”“老马识途”等。人们喜欢在家里挂马的图画，因为马代表着吉祥，寓意着积极向上和成功。

▲ 图3-52　马

3．鹿

鹿外表美丽，性情温和。因古代神话传说中的神仙常以鹿为坐骑，所以鹿又被人们赋予长寿、吉祥、幸福、安宁的美好寓意。尤其是白鹿，人们称之为“仙鹿”或“天禄”，视之为瑞兽。古人认为“王者孝则白鹿见，王者明，惠及下，亦见”，由此可知，人们将白鹿视为天下太平的标志。从字音上看，“鹿”与“禄”谐音，寓意禄泽无疆。鹿和蝙蝠组合出现时，寓意福禄双全、福禄长存。

4．鹤

长寿与吉祥的象征——丹顶鹤

鹤是鸟类中最高贵的飞禽。它单腿独立、翘首远望、姿态优美、高雅大方。传说鹤能活几千年，生活在云烟雾绕的深山丛林里，常年跟随仙人，所以鹤被人们赋予长寿、吉祥的寓意。明清时期一品文官的补服上绣有仙鹤纹样。一品是古代官员的最高官阶。因而鹤又被人们称为“一品鸟”，寓意富贵。鹤与松树组合在一起寓意松鹤延年（见图3-53），与鹿组合在一起寓意鹤鹿同春。

▲ 图3-53　松鹤延年

三、花草树木

花草树木是自然界中最常见的景象，也是人们获得审美体验最多的事物。人们通过长期观察花草树木，对其生存习性有了深刻的了解，进而将它们的习性与人的品格联系起来，赋予花草树木品德精神，使其成为特定的文化意象。下面举几个具有代表性的例子。

1．梅花

梅花（见图3-54）是中国传统名花，开放在百花之先、严寒料峭之时，独占天下之春。几千年来，文人对梅花喜爱有加，或咏其风韵独胜，或颂其节操高雅，爱梅、赏梅、吟梅早已成为社会风尚。例如，毛泽东的《卜算子·咏梅》中写道：“待到山花烂漫时，她在丛中笑。”这是赞颂梅花不媚俗、不争宠、寂寞开落、默默付出的精神。在生活中，梅花冰肌玉骨，给人以洁身自好、坚忍顽强的精神激励，成为不畏严寒、贞洁高雅的象征。

▲ 图3-54　梅花

2．兰花

兰花也称“兰草”，生长于空谷，清雅幽香，有淡泊、高雅、圣洁、贤德的美好寓意。

南靖兰花“鱼枕素”

兰花的花色淡雅，以嫩绿、黄绿居多（见图3-55），尤以素心者为名贵。兰花的香气，清而不浊，一盆在室，芳香四溢。“手培兰蕊两三栽，日暖风和次第开。坐久不知香在室，推窗时有蝶飞来。”这首诗将兰花的幽香描绘得淋漓尽致。兰花的叶子终年鲜绿、刚柔兼备、姿态优美，即使不是花期，也像是一件艺术品，如图3-56所示。“泣露光偏乱，含风影自斜。俗人那解此，看叶胜看花。”这首诗描绘的就是兰叶的婀娜多姿、细柔曼妙之美。

由于兰花灵动有清韵，所以人们将其与修身养性、高尚情操联系在一起，进而赋予其兄弟情义、结拜之谊、坚贞不屈等象征意义。

▲ 图3-55　兰花

▲ 图3-56　水墨兰叶

3．菊花

菊花（见图3-57)是花中四君子之一。它历经风霜，有顽强的生命力和凌寒傲雪的品格，象征着刚正不阿、独立坚强。陶渊明的诗句“采菊东篱下，悠然见南山”，使菊花得到了“花中隐士”的封号，具有了淡泊名利的文化寓意。此外，在古代神话传说中，菊花还被赋予了吉祥、长寿的含义。

▲ 图3-57　菊花

4．竹子

在中国文化中，竹子（见图3-58）的文化内涵十分丰富。竹节挺拔坚韧，竹叶青翠欲滴，既有梅花凌寒傲雪的铁骨、兰花翠色长存的高洁，又有虚怀若谷的谦逊。它的“劲节”，代表不屈的骨气；它的“虚空”，代表谦逊的胸怀。

▲ 图3-58　竹子

从古至今，竹子都受到文人墨客的赞赏与喜爱。北宋文学家苏轼说过：“宁可食无肉，不可居无竹。无肉令人瘦，无竹令人俗。人瘦尚可肥，士俗不可医。”朴实直白的语言，说明竹子的文化精神已深入士人骨髓。

清代郑板桥善于画竹（见图3-59），他笔下的竹“多不乱，少不疏，脱尽时习，秀劲绝伦”，颇具风骨。他的画以竹子清高的气节来言士人之志，这充分显示了竹子的文化寓意已深入士人之心。

▲ 图3-59　郑板桥的《墨竹图》

【美的欣赏】

“昔我往矣，杨柳依依。今我来思，雨雪霏霏。”这是《诗经》中非常著名的句子，把一个出门在外的旅人的心情表达得淋漓尽致，将杨柳的依依之态（见图3-60）和惜别的依依之情完美地融合在一起。

杨柳在中国传统文化中属于送别类意象，用于表达依依不舍之情。在古代，人们常用折柳表达离别之情，其原因在于：柳枝摇摆不定的形态，能够表达离别之际的依依不舍之情；同时，“柳”与“留”谐音，在离别之际，折柳相送，既能表达难分难舍的深情，又能寄托对离人的美好祝愿。

折柳送别的习俗在唐代最盛，唐代渭河上的灞陵桥（见图3-61）是离别时的必经之地，灞陵桥两边的柳树，更烘托了离别的氛围。因此，后世将“灞桥折柳”作为送别典故的出处。

▲ 图3-60　杨柳依依

▲ 图3-61　灞陵桥

【美的体验】

扫码观看视频《古诗词中的中国意象和中国精神》，感受古诗词中常见的意象之美（见图3-62）。此外，请采用一定的艺术手法拍摄并解读生活中的意象美。

古诗词中的中国意象和中国精神

▲ 图3-62　意象之美

素质园地

加强生物多样性保护，展现大国担当

中国幅员辽阔，陆海兼备，地貌和气候复杂多样，孕育了丰富而又独特的生态系统、物种和遗传多样性，是世界上生物多样性最丰富的国家之一。作为最早签署《生物多样性公约》的缔约方之一，中国一贯高度重视生物多样性保护，不断推进生物多样性保护与时俱进、创新发展，取得了显著成效，走出了一条中国特色生物多样性保护之路。

2021年10月11日至15日，联合国《生物多样性公约》第十五次缔约方大会（COP15）在云南昆明举行。各国领导人聚首美丽的春城昆明，共商生物多样性保护大计。会议通过了“2020年后全球生物多样性框架”，制定了各国及全球在未来十年甚至更远时间范围内的工作蓝图，帮助人类社会步入正轨，力求在2050年之前实现《生物多样性公约》中“与自然和谐相处”的总体愿景。

为加强生物多样性保护，中国正加快构建以国家公园为主体的自然保护地体系，逐步把自然生态系统最重要、自然景观最独特、自然遗产最精华、生物多样性最富集的区域纳入国家公园体系。为推动实现碳达峰、碳中和目标，中国将陆续发布重点领域和行业碳达峰实施方案和一系列支撑保障措施，构建起碳达峰、碳中和“1+N”政策体系。中国将持续推进产业结构和能源结构调整，大力发展可再生能源，在沙漠、戈壁、荒漠地区加快规划建设大型风电光伏基地项目。

人不负青山，青山定不负人。生物多样性是人类赖以生存和发展的重要基础，人类必须尊重自然、顺应自然、保护自然，加大生物多样性保护力度，促进人与自然和谐共生。COP15的举办为全球生物多样性治理贡献了更多中国智慧，为推动人与自然和谐共生、保护生物多样性发挥了重要作用。

（资料来源：人民网，http://jhsjk.people.cn/article/32251571，有改动）

第四单元

极致的追求：生活美

本章导读

自古以来，美好的生活都是人们不懈的追求。华美的服饰、精致的器皿、讲究的饮食等，生活中的点滴美好总能带给人心灵的愉悦和慰藉。生活美，表现在日常生活的方方面面，体现了人们的创造智慧，融入了人们的审美思想和生活品位，不仅能带给人们直接和强烈的审美体验，还能激发人们的生活热情、鼓舞人们的精神、坚定人们的信念。

第一节　服饰之美

【美的印象】

服饰是一种文明，衣冠于人，如金装在佛，追求美的天性驱使人们在几千年的岁月更迭、改朝换代中打造出了绚丽动人的中国衣橱。观看图4-1，说一说你最喜欢其中的哪款服饰，理由是什么。

南北朝女子服饰

唐朝中晚期女子服饰

明朝女子服饰

清朝女子服饰

民国女子服饰（一）

民国女子服饰（二）

▲ 图4-1　我国女子传统服饰

【美的视窗】

一、中国古代服饰

我国古代服饰历经千年，在不同时代呈现出不同特色，或惊艳，或秀美，或飘逸，或开放，值得我们探究和传承。

1. 大气华美的秦汉服饰

秦汉时期的服饰，以袍为贵。袍服属汉族服装古制，均用绢（丝织品）制作而成。秦始皇在位时，规定官至三品以上者，着绿袍、深衣；平民穿白袍。汉代四百年来，一直用袍作为礼服。袍多为大袖子（袂），领子一般裁成鸡心式，穿时露出里面衣服，衣领和袖口都饰有花边；女子袍服有曲裾袍和直裾袍两种，两者的不同之处在于曲裾的裾是绕在身上的，直裾的裾是垂直于地面的，如图4-2所示。秦汉袍服的特点是隆重、大气、华美，以黑色为尊。

秦代男子袍服　汉代男子袍服　曲裾袍　直裾袍

▲ 图4-2　秦汉袍服

秦汉时期的女子服饰样式除了袍，还有襦（短衣）裙和“三重衣”。襦裙一般上短下长，袖子较窄，另在裙腰两端缝上绢带，以便系结。“三重衣”则通身紧窄，下长拖地，衣服的下摆多呈喇叭状，行不露足；因其领口很低，有时露出的衣领多达三重以上，故称“三重衣”，如图4-3所示。

襦裙

三重衣

▲ 图4-3　秦汉女子服饰

2．风流洒脱的魏晋南北朝服饰

魏晋时期，人们追求自由自在，思想上突破了传统束缚，因此在服饰上形成了宽衣博带的风格。这一时期的男子服饰主要是大袖衫，长衣大袖，袖口宽敞，另有对襟式衫，可开胸而穿，不系衣带，颇具洒脱和娴雅之风；该时期的女子服装也都以宽博为主，女子所穿大袖衫的特点是：对襟、束腰，衣袖宽大，两腋上收线成弧形，下垂过臀，形成大袖，袖口缀有色条边，如图4-4所示。

南北朝时期女子所着长裙式样很多，色彩丰富，有间色裙、绛纱复裙、丹碧纱纹双裙等；腰间有帛带系扎，有的还在腰间缠一条围裳，用来束腰。此外，还有一种叫“杂裾垂髾”的女服，其特点是在衣服上饰有“襳髾（xiān shāo）”（襳是指从围裳中伸出来的飘带，髾是指在衣服的下摆部位作固定的一种装饰物），如图4-5所示。

男子大袖衫

女子大袖衫

▲ 图4-4　魏晋大袖衫示意图

长裙

杂裾垂髾

▲ 图4-5　南北朝女裙

3．自由开放的唐朝服饰

唐朝是中国封建社会的鼎盛时期，尤其是贞观、开元年间，政治气候宽松，人们安居乐业，文化交流频繁，使得唐朝的绘画、雕刻、音乐、舞蹈等艺术吸收了外来的技巧和风格，对异国衣冠服饰也兼收并蓄。这也使唐朝服饰发展得更加鲜艳夺目，尤其妇女地位的提高，为当时的服饰文化带来了新的革命，也为后世留下了璀璨的文化珍宝。

唐代女子的开放着装

唐朝时期最流行的女子服饰是襦裙，这一时期的襦裙为短上衣加长裙，裙腰用绸带系得很高，几乎到腋窝下面；同一时期，半臂在宫廷中出现并流传开来，它是最能体现唐人服饰前卫性特征的一款服饰，它有对襟、套头、翻领或无领等式样，袖长齐肘，身长及腰，用小带子当胸结住，如图4-6所示。

襦裙

半臂

▲ 图4-6　唐朝女子衣裙

配饰方面，唐朝时流行披帛，它是用带有花纹的薄纱制成的长巾，其一端披搭肩上，另一端旋绕于手臂间；还流行帷帽和金饰，其中帷帽是一种高顶宽檐笠帽，帽檐一周有薄而透的面纱，而金饰有金钗、金簪等，金饰上纹饰多种多样，雕镂精美，工艺精湛，如图4-7所示。

披帛

帷帽

金饰

▲ 图4-7　唐朝女子配饰

二、美丽的民族服饰

我国55个少数民族所处的地理环境、气候及形成的风俗习惯等均有差异，经过长期的发展，形成了不同风格的具有鲜明特色的民族服饰。

1．潇洒美观的蒙古族服饰

蒙古族男女老幼一年四季都喜欢穿长袍，俗称“蒙古袍”。春秋穿夹袍，夏季穿单袍，冬季穿皮袍、棉袍。蒙古袍的特点是宽大袖长，高领右衽，袍子的边沿、袖口、领口等处多以绸缎花边，“盘肠”“云卷”图案，或虎、豹、水獭、貂鼠等皮毛作为装饰，看起来英气勃发，十分美观，如图4-8所示。

▲ 图4-8　蒙古族服饰

蒙古族男子通常会在腰带上挂上“三不离身”的蒙古刀、火镰和烟荷包，既实用又潇洒；女子则喜欢佩戴玛瑙、珍珠、珊瑚、宝石、金银玉器等编织的头饰，华美异常。

2．色彩强烈的藏族服饰

藏族服饰的基本特点是长袖、宽腰、大襟，直线宽边，色彩对比强烈，如图4-9所示。男女藏袍均以粗纺厚毛呢为料，左襟大，右襟小，一般在右腋下钉一个纽扣，或用红、蓝、绿、雪青等色布做两条飘带，穿时系结。春夏两季的女式藏袍无袖，里面多衬有红、绿等色彩鲜艳的衬衣，衬衣翻领在外，衣袖长于胳膊一至二倍，长出部分，平时卷起，舞蹈时放下，显得舒展飘逸，潇洒自如。

藏族男女均喜欢佩戴饰品，一般耳穿大环、手戴金银、顶戴珠链，男性腰间常佩戴精制的藏刀。

▲ 图4-9　藏族服饰

3．飘逸精致的维吾尔族服饰

维吾尔族是一个能歌善舞的民族，其服装一般比较宽松。男装主要有亚克太克（长外衣）、托尼（长袍）、排西麦特（短袄）、尼木恰（上衣）、库依乃克（衬衣）、腰巾等；女子则喜欢穿色彩艳丽的连衣裙，外穿绣花背心，并以耳环、戒指、手镯、项链等饰物点缀，跳起舞来飘逸精致，如图4-10所示。此外，男女皆喜欢头戴绣花小帽，看起来活泼生动。

手工刺绣是维吾尔族的传统工艺，他们的衬衣、背心及小帽上均绣有精美的花纹图案，非常有民族特色。

▲ 图4-10　维吾尔族服饰

4．精妙夺目的苗族服饰

苗族服饰以夺目的色彩、繁复的装饰和耐人寻味的文化内涵著称于世，显示出了鲜明的民族艺术特色。

苗族男子服饰多为对襟或大襟，下着长便裤，衣裤都很宽大，颜色多为青色；苗族女子服饰的上衣宽大，衣领交叉叠于胸前，衣领、袖口、衣摆等处以颜色艳丽、制作精美的纹饰点缀，下装是很有特色的“百褶裙”，裙褶很多，显得优雅灵动，如图4-11所示。

苗族服饰文化中少不了银饰，苗族银饰品种繁多且多为纯手工制作，在绣衣上钉银饰制成的银衣是苗服中的精品。银衣的前襟、后背、衣袖、下摆等位置有各种形状的银片、银铃等，摇曳生辉，精妙夺目。苗族姑娘胸前常佩戴硕大的银锁，其制作精美，饰有龙、狮、鱼、蝴蝶、绣球等纹样，意在祈求平安，故俗称“长命锁”，如图4-12所示。

▲ 图4-11　苗族服饰

▲ 图4-12　苗族银饰

苗族银饰——穿在身上的文化遗产

【美的欣赏】

欣赏电视剧《延禧攻略》中的精美戏服（见图4-13），品味服饰中的细节和工艺。

▲ 图4-13　电视剧《延禧攻略》中的精美戏服

《延禧攻略》中的非物质文化遗产

《延禧攻略》中用到了多项非物质文化遗产（见图4-14），具体内容如下：

（1）刺绣，俗称“针绣”“扎花”“绣花”，有“打籽绣”“盘金绣”“盘绳绣”“珠绣”“圈金”等多种工艺。它是国务院批准列入的第一批国家级非物质文化遗产。

（2）缂（kè）丝，是中国传统丝绸艺术品中的精华，其织造过程极其细致，存世精品极为稀少，在业界享有“一寸缂丝一寸金”“织中之圣”等名号。

（3）绒花，始于唐朝，谐音“荣华”，是富贵的象征，武则天时期被列为皇室贡品。绒花以蚕丝和铜丝为主要原料，经过近十道工序加工而成。

（4）点翠，是一项中国传统金银首饰制作工艺，起到点缀美化金银首饰的作用，汉代时就已出现。点翠工艺主要用到的材料是翠鸟的羽毛，而翠羽必须从活的翠鸟身上拔取，才可以保证其颜色之鲜艳华丽。后来，点翠由于制作工艺的残忍而由烧蓝工艺取代，如今正慢慢淡出人们的视线。

刺绣　　缂丝　　绒花　　点翠

▲ 图4-14　《延禧攻略》中的非物质文化遗产

【美的体验】

▲ 图4-15　中国华服日标志

2020年3月26日，由中国青少年新媒体协会等主办的第三届“中国华服日”（标志见图4-15）线上晚会开幕。本次活动以“与子同袍，共克时艰”为主题，以网络直播和系列线上活动的方式开展，邀请嘉宾进行华服走秀和歌舞表演，用一场中国传统文化盛典来弘扬“岂曰无衣，与子同袍”的民族精神，凝聚众志成城、抗击疫情的民族力量。

查找关于“中国华服日”的相关资料，举办一场以“华服”为主题的班级活动，让同学们说说自己对华服的理解，感兴趣的同学可着华服参加，身体力行地传承华服之美。

第二节　器皿之美

【美的印象】

在古代，青铜器有两种基本用途，一是“纳（内）、入”，即盛装物件；一是“设”，即陈设布列。图4-16、图4-17这两组青铜器器形大气、纹饰精美，猜猜它们的用途是什么。

▲ 图4-16　商代中后期饕餮纹鬲鼎

▲ 图4-17　战国云纹铜豆

【美的视窗】

一、陶器

陶器是黏土或陶土经捏制成形后烧制而成的器具，在古代是一种生活用品，现今一般作为工艺品收藏。

中国陶器历史源远流长，简单粗糙的陶器在新石器时代就已出现，它们古朴中透着大气，庄重中不失美观，是中华民族历史中永不褪色的文化瑰宝。下面从地域文化和外观呈现两个方面来展现陶器的发展历程。

1. 从地域文化来看

从地域文化来看，比较有代表性的是裴李岗文化、仰韶文化、马家窑文化、大汶口文化等。

裴李岗文化是黄河中游地区新石器时代早期文化的代表，代表器型主要有罐、盘、豆、三足钵、三足壶等，以泥质红陶数量最多，少有纹饰，显得纯粹、质朴，如图4-18所示；仰韶文化是黄河中游地区的新石器时代彩陶文化，代表器型主要有盆、罐、钵和小口尖底瓶等，以细泥红陶和夹砂红陶为主，造型优美，纹饰以黑彩为主，兼用红色，如图4-19所示。

红陶钵

双耳壶

▲ 图4-18　裴李岗文化

人面鱼纹彩陶盆

彩陶罐

▲ 图4-19　仰韶文化

马家窑文化是仰韶文化在今甘肃、青海地区的进一步发展，其彩陶特别发达，器型主要有钵、瓮、盆、双耳罐等，器物上的纹饰（如圆圈纹、小波纹、三角纹、菱形纹等）粗细匀净，图案流利生动、富有动感，如图4-20所示。大汶口文化因山东省泰安市大汶口遗址而得名，其陶器色彩丰富，以白陶、蛋壳陶闻名，典型器型为钵、豆、背壶、高柄杯、瓶和大口尊等，如图4-21所示。

彩陶壶

彩陶双耳罐

▲ 图4-20　马家窑文化

白陶鬶（guī）

白陶壶

色彩丰富的大汶口文化

▲ 图4-21　大汶口文化

2．从外观呈现来看

根据外观呈现的不同，陶器可分为红陶、黑陶、灰陶、白陶、彩陶、印纹陶和釉陶等。

红陶、黑陶和灰陶之所以颜色不同，是因为烧制过程中陶坯与氧气的接触程度不同。红陶烧制时陶坯与氧气充分接触；黑陶烧制时将窑密封，避免陶坯与氧气接触；灰陶烧制时则有意减少入窑的空气，使氧气供应不足。

红陶最为常见，其器表呈红色，显得质朴大气，如图4-22所示；黑陶温雅细腻，其中的细泥薄壁黑陶有"黑如漆，声如磬，薄如纸，亮如镜，硬如瓷"的美誉，如图4-23所示；灰陶则较为别致，如图4-24所示。

▲ 图4-22　红陶

▲ 图4-23　黑陶

▲ 图4-24　灰陶

白陶的原料并非陶土，而是高岭土，烧成后质地洁白细腻，是一种极珍贵的工艺品，如图4-25左图所示；彩陶是指在打磨光滑的橙红色陶坯上，用赭石和氧化锰作为呈色元素，描绘图案后入窑烧制，烧制后呈现出赭红、黑、白多种颜色的陶器（见图4-25右图），仰韶文化时期是彩陶最繁荣的时期。

火与土的图腾——彩陶

▲ 图4-25　白陶和彩陶

印纹陶是新石器时代晚期至汉代的模印纹饰陶器，它是在做好的陶坯未干时，用印模将所需花纹捺印在特定部位再进行烧制，如图4-26所示；釉陶是指表面有釉的陶器，出现于汉代（见图4-27），始为单色，后发展为三色。唐三彩（见图4-28）的出现代表釉陶发展到了顶峰。

▲ 图4-26　西周印纹陶罐

▲ 图4-27　汉代绿釉陶壶

▲ 图4-28　唐三彩陶器

二、青铜器

青铜器与西周的饮食文化

中国青铜器的历史源远流长，绽放着绚丽璀璨的光芒。因为它揭示了先秦时期的铸造工艺、文化水平和历史源流，因此被史学家们称为“一部活生生的史书”。青铜器的特点是器形独特、纹饰精美、铭文典雅。其按用途可分为食器、酒器、水器等。

1．食器

食器，即古人盛黍、稷、稻、粱等食物的器具，主要有鼎、簋（guǐ）、豆等。现今已发现的最大的青铜食器是商代“后母戊鼎”（见图4-29），该鼎呈长方形，鼎身以云雷纹为地，上有龙纹盘绕，四角为饕餮纹，工艺精美，形制雄伟，被称为“鼎中之王”。簋是商代和西周时期宴享和祭祀时盛黍、稷等食物的器具，器形威严庄重，代表贵族的地位，如图4-30所示；豆是日常盛放腌菜、饭食的器具，器形圆润，流行于春秋战国时期，如图4-31所示。

▲ 图4-29　后母戊鼎

▲ 图4-30　团龙纹簋

▲ 图4-31　战国青铜蟠螭纹豆

2．酒器

我国古代有“无酒不成礼”之说。在古代，酒是祭神享祖、礼仪交往、宴宾会客等活动的必备之物，盛酒的青铜器自然就成了礼器。酒器包括尊、壶、爵、角等。

商代的四羊方尊是我国现存最大的青铜方尊，此尊器制浑厚，造型雄奇，设计精巧，让人叹为观止，被史学界称为“臻于极致的青铜典范”，如图4-32所示；壶是古代的一种盛酒器，流行于商代至汉代，较为著名的是春秋晚期的绹索龙纹壶，它高体、束颈、鼓腹，遍布纹饰，极为精美，如图4-33所示。

▲ 图4-32　四羊方尊

▲ 图4-33　绹索龙纹壶

爵是一种用于盛放、斟倒和加热酒的青铜器具，表面刻有精美的花纹，看起来高雅古朴，如图4-34所示；角用于盛酒、温酒和饮酒，同时又是一种量器，形制与爵相似，盛行于商代，如图4-35所示。

▲ 图4-34　爵

▲ 图4-35　角

3．水器

水器即贮水器具。商周时期，贵族在祭神拜祖、宴前饭后进行严格的沃盥之礼时，会使用浇注和盛水的青铜水器，因此青铜水器也可归于礼器。最常见的水器是盘和匜（yí），如图4-36、图4-37所示。

▲ 图4-36　青铜盘

▲ 图4-37　青铜匜

三、玉石器

中国玉文化

玉石器在我国已有七千多年的历史，在漫长的发展历程中，玉器被人们赋予了丰富的文化内涵，已经成为我国文化的重要组成部分。

我国早期的玉器出现于新石器时代，该时期的玉器以动物题材为主，风格质朴而豪放，象征性极强。具有代表性的新石器时代玉器有玉雕龙，其呈碧绿色，体卷曲，形似“C”字，背有一对穿圆孔，可供穿挂用，如图4-38所示；还有玉双虎首璜，其风格朴素雅致，有兽面纹及其他繁密精细的装饰花纹，令人瞩目，如图4-39所示。

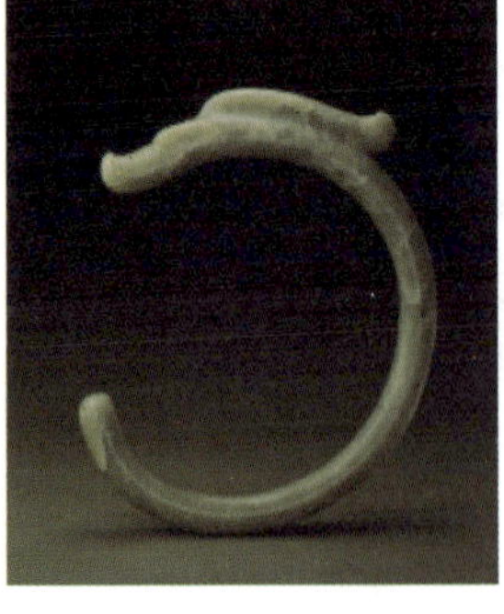

▲ 图4-38　玉雕龙

▲ 图4-39　玉双虎首璜

汉代是玉器创作的一个高峰，具有代表性的有玉“益寿”谷纹璧（见图4-40）、玉鸡心佩（见图4-41）、玉透雕龙凤佩（见图4-42）等，各个精雕细琢、浑厚豪放，彰显着汉代的艺术风格。

▲ 图4-40　玉“益寿”谷纹璧

▲ 图4-41　玉鸡心佩

▲ 图4-42　玉透雕龙凤佩

两宋、元朝的玉器承袭两宋画风，画面构图复杂，多层次，形神兼备，有浓厚的绘画趣味。南宋的白玉荷叶杯（见图4-43），元朝的春水玉、秋山玉（见图4-44）（记录契丹等北方游牧民族狩猎于春秋的娱乐活动的玉作，称为“春水”“秋山”），是代表这一时期琢玉水平的佳作。

▲ 图4-43　白玉荷叶杯

▲ 图4-44　秋山玉饰

明清时期是我国玉器的鼎盛时期，该时期的玉器造型丰富、工艺精巧细腻，追求精雕细琢、玲珑剔透的艺术效果，产生了无数精巧绝伦的玉器精品，从明代的青玉镂雕枝叶葵花杯、梅花花插，清代的玉如意、白玉宫扇等可见一斑，如图4-45所示。

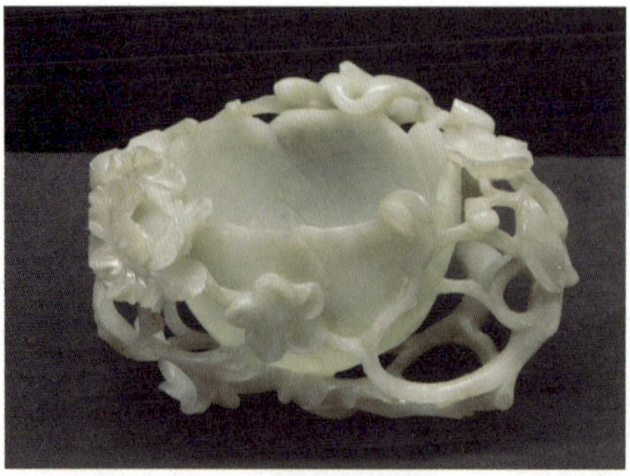

青玉镂雕枝叶葵花杯

梅花花插

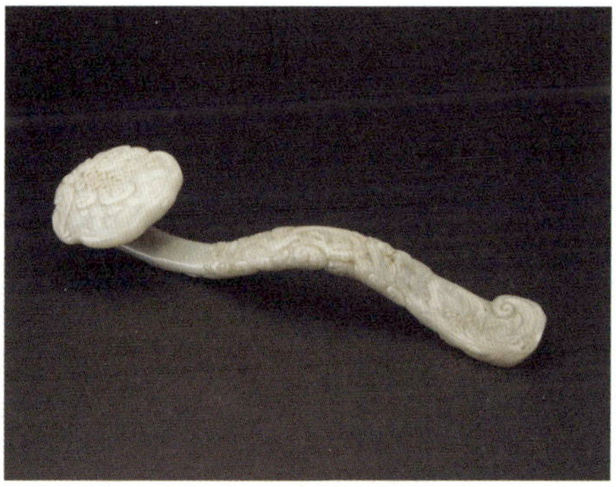

玉如意

白玉宫扇

▲ 图4-45　明清时期玉器

四、瓷器

我国是世界上最早发明瓷器的国家，在瓷器技术和艺术上的成就很早就传播到了世界各国，并享有“瓷器之国”的盛誉。

原始瓷自商周时期出现，发展至东汉时期形成了真正的瓷器。隋唐五代是我国古代瓷业全面发展的时期，该时期的瓷器精品以隋代白瓷罐和白瓷龙柄鸡首壶为代表，它们造型独特，制作精致，釉质温润洁白，显示出隋代白瓷生产的极高水平，如图4-46所示。

白瓷罐

白瓷龙柄鸡首壶

▲ 图4-46　隋朝白瓷

宋代是我国古代瓷器的全面鼎盛时期，当时的瓷器制作有了明确的分工，所谓五大名窑——定窑、汝窑、官窑、哥窑、钧窑，就是典型代表，它们都有其独特的风格。例如，宋代官窑的瓷器施釉较厚，釉质精细，釉面光润，成乳浊状，有玉质感，釉色以天青色和淡雅的青绿色为上品，有粉青、翠青和月白等多种，如图4-47所示；钧窑以烧制铜红釉为主，蚯蚓走泥纹是其特征之一（见图4-48），古人曾用“夕阳紫翠忽成岚”等诗句来形容钧瓷釉色灵活、变化微妙之美。

▲ 图4-47　宋代官窑瓷器

▲ 图4-48　宋代钧窑瓷器

清代匠人的制瓷技巧达到了历史的又一巅峰。清代彩瓷在明代的基础上分化出更多的颜色，涌现出了一些青花瓷精品及珐琅彩瓷、粉彩瓷等新品种（见图4-49），从而丰富了清代的瓷器装饰及品种。

青花花鸟纹鱼尾瓶

珐琅彩山水纹瓶

粉彩牡丹纹玉壶春瓶

▲ 图4-49　清代瓷器

【美的欣赏】

青瓷是我国陶瓷烧制工艺的珍品，它以瓷质细腻、线条明快流畅、造型端庄浑朴、色泽纯洁而斑斓著称于世。青瓷被称为“青如玉，明如镜，声如磬”的“瓷器之花”，是瓷中之宝，珍奇名贵。请欣赏图4-50中的宋代青瓷，感受它们带来的视觉享受。

龙泉窑青釉盘口瓶

汝窑天青釉圆洗

龙泉窑青釉弦纹三足炉

龙泉窑青釉琮式瓶

▲ 图4-50　宋代青瓷

【美的体验】

登录故宫博物院网站（https://www.dpm.org.cn），在其“陶瓷馆”专馆（见图4-51）中了解中国陶瓷10 000多年绵延不断的发展历程，欣赏历代瓷器精品。

▲ 图4-51　故宫博物院网站“陶瓷馆”专馆

第三节　饮食之美

【美的印象】

我国古代将“柴、米、油、盐、酱、醋、茶”并称为“开门七件事”。茶在人们生活中的重要性可见一斑。在我国，不仅文人墨客以品茶为乐，喜欢以茶会友，普通百姓的生活也是日日离不开茶。饮茶（见图4-52）作为一种休闲生活方式或者交流、交际的途径，能让人感受到生活的轻松、舒适和惬意。请问你爱喝茶吗？对于茶，你有什么样的认识？

▲ 图4-52　茶具和茶艺

【美的视窗】

一、茶道

我国茶文化源远流长，博大精深，是千年沉淀的文明产物。茶，根植于中华大地，是千年中华文明发展的见证者，也是中外文化交流的使者，包含了深厚的精神文明和文化底蕴。

1. 茶叶种类

我国茶叶品种繁多，竞相争艳，诸多品种中的名茶在国际上享有很高的声誉。

根据茶叶初加工工艺中鲜叶是否经过酶性氧化及氧化程度为标准，茶叶可分为不发酵茶（绿茶）、轻发酵茶（白茶、黄茶）、半发酵茶（青茶）、全发酵茶（红茶）和后发酵茶（黑茶）。

绿茶色泽翠绿，冲泡后，茶汤黄绿澄澈，茶香清新高扬，入口鲜醇爽口，代表品种有西湖龙井、碧螺春、信阳毛尖、六（lù）安瓜片（见图4-53）等。

▲ 图4-53　六安瓜片

白茶，芽叶壮嫩，形态自然，白毫满披，冲泡后汤色橙黄或深黄，香气鲜纯，滋味醇爽，代表品种是白毫银针（见图4-54）；黄茶具有“黄叶黄汤”的特点，代表品种有君山银针（见图4-55）、蒙顶黄芽。

▲ 图4-54　白毫银针

▲ 图4-55　君山银针

青茶又名“乌龙茶”，主要产于福建、广东等地，其色泽青褐，冲泡后具有特殊的香气和韵味，代表品种有安溪铁观音、大红袍（见图4-56）、冻顶乌龙；红茶冲泡后的茶汤和叶底呈红色，代表品种是祁红工夫茶（见图4-57）；黑茶代表品种是普洱茶（见图4-58），其汤色红褐、明亮、洁净，香味醇厚。

▲ 图4-56　大红袍

▲ 图4-57　祁红工夫茶

▲ 图4-58　普洱茶

2．茶艺

饮茶不单指慢饮细品，也包括欣赏泡茶的手法、遵循品茶的程式、感受舒适的环境和轻松的气氛，即所谓“酌清饮静，享受生活，品味人生”。

不同历史时期人们的饮茶方式不同，从唐代煮茶到宋代点茶再到明清冲泡茶，茶艺随着历史的发展也在不断演变。

欣赏宋代点茶

古代茶艺较为风雅，追求精俭清和。唐代及之前较为普遍的饮茶方式是煮茶，即直接将茶叶放在锅中烹煮，茶汤煮好之后斟入众人的茶碗中，以示同甘共苦。到了宋代，茶艺演化成点茶，主要用于斗茶，即将饼茶碾磨成粉末，置于碗中，以沸水冲点入碗，以茶筅（打茶的工具）用力击打，使茶末溶于水，并渐起沫饽（茶水煮沸时产生的浮沫）。斗茶的胜负以沫饽出现是否快、水纹露出是否慢来评定，沫饽洁白，水纹慢出而不散者为上。

明清时期的茶艺起到了承上启下的作用，其冲泡方式的茶艺成为主流并延续至今。冲泡的过程基本有烫杯—倒水—置茶—注水—倒茶—分茶—奉茶—闻香—品茶—清渣—洗器这几个步骤。

欣赏茶艺

欣赏现代茶艺时，可以欣赏凤凰三点头、高冲低斟的冲泡方法，也可以欣赏精美的茶具、工夫茶茶艺、茶博士斟茶的技巧等，如图4-59所示。这些泡茶的技艺和品茶的艺术可以给人带来视觉、嗅觉、味觉和触觉等全方位的享受。

高冲低斟

精美茶具

斟茶技艺

▲ 图4-59　茶艺

二、酒德

我国是世界上最早酿酒的国家之一，也是世界三大酒系（黄酒、啤酒、葡萄酒）的发源地之一。在我国，饮酒很早就摆脱了单纯的食用价值，而上升为一种饮食文化——酒文化。

1．酒与文学

自古以来，诗酒同风。在我国的诗歌中，到处都可以“看”到酒的影子，“闻”到酒的醇香。如果没有酒，就不会成就陶渊明的“田园诗酒”、岑参的“边塞诗酒”、李白的“浪漫诗酒”、杜甫的“民间诗酒”。

在我国最早的诗歌总集《诗经》中，就有不少以酒为主题的篇章，其中提出的“醉酒饱德”观点，认为君子当“醉而不失态，醉而不损德”。

唐宋诗人也多以酒酿诗，其代表人物当推“斗酒诗百篇”的李白（见图4-60），他的诗中将饮酒的情趣表现得淋漓尽致，譬如“看花饮美酒，听鸟临晴山”“且就洞庭赊月色，将船买酒白云边”等，可谓诗酒风流。

▲ 图4-60　李白饮酒作诗

2．酒之礼仪

现代酒礼的一般原则是“长者在先，宾客优先，女士优先”，这既显示了对中华民族传统美德的继承，又摒弃了封建礼教的约束，废除了男尊女卑的陈规陋习，形成了新的风尚。敬酒时应遵循“长者为先，幼敬上，小敬大”之礼。从首席开始，其后按照顺时针方向，依次敬酒，或按照年龄老幼、就近为序，或以疏为先、以亲为后。

酒礼

此外，参加酒席一般不要提前离席，如有急事需提前离席，应首先与主人解释清楚离席的原因，再向在席宾客表示歉意，最后慢慢离席，以示不舍。当有宾客离席时，主人应快步走出，在门外送客。

三、美食

我国是一个崇尚饮食文化的国家，没有任何一个国家的美食像中国这样品类繁多。几千年来，我国饮食调味精益、膳食繁盛、肴器华贵、烹饪技艺巧妙，堪称举世无双，处处体现着中华文化的精要，是中华民族的绚丽瑰宝，也是人类文明史上重要的文化遗产。

自古以来，美食在平民、官府和宫廷等不同阶层有不同的特点，其在用料、技艺、排场、风格及消费水平等方面，均存在着明显差异。

官府菜代表：孔府菜

平民饮食简单、朴实、不奢华矫饰，家常味道浓厚，或入山林采鲜菇嫩叶、捕飞禽走兽，或就河湖网鱼鳖蟹虾、捞莲子菱藕，或居家烹宰家禽家畜，或下地择禾黍麦粱、野菜地瓜，随见随取，随食随用。选材随意，烹法也简单易行。一般是因材施烹，煎炒蒸煮、烧烩拌泡、脯腊渍炖，皆因时因地。

官府菜兴盛于明清时期，品高质优，即使是普通食材，也烹制得异常精致。因此，官府菜又称作“功夫菜”。例如，黄焖鱼翅（见图4-61），从发料到成菜需要两至三天时间。

▲ 图4-61　黄焖鱼翅

宫廷饮食是我国饮食文化的最高层次，以御膳为中心，充分展示了我国饮食文化的技术水准和文化色彩，体现了帝王饮食的华贵尊荣、精细奢华、程仪庄严。宫廷菜的特点是非常注重文化内涵，食器精美，菜名风雅。例如，清代宫廷宴会上，皇帝及皇室成员所用食器多为金银、玉石、象牙器皿，这些食器一般都有专名，如“大金盘”“青白玉无盖葵花盒”“双凤金碗盖”“大紫龙蝶金盖”等。又如，宫廷菜肴都会被赋予吉祥的名字，如金凤呈祥、宫门献鱼、鹤鹿同春、百鸟朝凤等，以此彰显宫廷菜的典雅高贵、内涵丰富。

【美的欣赏】

在浩瀚的历史长河中，能把饮酒写得酣畅淋漓、神采飞扬的，非“诗仙”李白莫属。朗诵李白的《将进酒》，欣赏酒与文学的结合。

君不见黄河之水天上来，奔流到海不复回。
君不见高堂明镜悲白发，朝如青丝暮成雪。
人生得意须尽欢，莫使金樽空对月。
天生我材必有用，千金散尽还复来。
烹羊宰牛且为乐，会须一饮三百杯。
岑夫子，丹丘生，将进酒，杯莫停。
与君歌一曲，请君为我倾耳听。
钟鼓馔玉不足贵，但愿长醉不复醒。
古来圣贤皆寂寞，惟有饮者留其名。
陈王昔时宴平乐，斗酒十千恣欢谑。
主人何为言少钱，径须沽取对君酌。
五花马，千金裘，呼儿将出换美酒，与尔同销万古愁。

品读《将进酒》

【美的体验】

我国烹饪无比神秘、难以复制，厨艺的传授遵循口耳相传、心领神会的传统方式，祖先的智慧、家族的秘密、师徒的心诀、食客的领悟，美味的每一个瞬间，无不用心创造、代代传承。观看纪录片《舌尖上的中国》第二季第三集《心传》（见图4-62），体会厨师精湛技艺的传承，感受中国味觉的非凡史诗。

▲ 图4-62 《舌尖上的中国》宣传照

《心传》片段

第四节　人情之美

【美的印象】

《乡愁》朗读欣赏

《乡愁》（见图4-63）是现代诗人余光中于1972年创作的一首现代诗歌，全诗语言浅白真率，情感深切，曾被选入中学语文教科书。相信学过这首诗的同学都会被诗人漫长的生活历程和对祖国的绵绵怀念所感动，这就是人情之美。

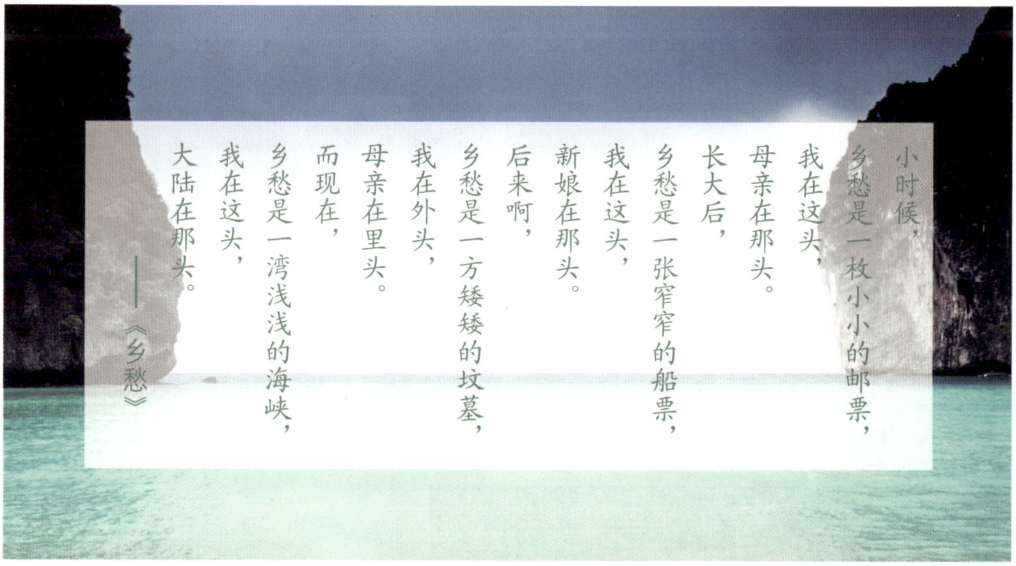

▲ 图4-63　《乡愁》（余光中）

【美的视窗】

融洽的人际关系能够使人放松、舒适，在这种感情关系中，人们感受到的就是人情美。从大的层面上看，人情美具体表现在亲情美、友情美和爱情美三个方面。

一、亲情美

亲情是母爱如海、父爱如山，当子女遭遇危险和灾难的时候，父母可以倾其所有，甚至不惜牺牲自己，保全子女。暴走妈妈陈玉蓉割肝救子、地震妈妈舍己护子、坠落缆车中父母奋力托起孩子……一个个鲜活的故事演绎着父母对子女的至爱真情。

亲情是父母无私地爱着子女，不求回报，也是子女以孝为先，感恩父母。孔子说："自天子至于庶人，孝无终始，而患不及者，未之有也。"意思就是说上至天子，下至黎民百姓，不管你是什么身份，都要行孝。因为它是人的根、人的本。没有孝，就没有根本，就没有人类传承。

父母是我们最亲的人，我们要尊重父母、感恩父母、关爱父母，要和父母保持良好的沟通。父母对子女倾注了太多的关爱，非常希望能够随时和子女保持联系，了解子女近况。作为子女，我们要经常主动地和父母聊天、谈心，和父母说一些开心的事，让父母感受到生活的阳光和子女的关心，保持心情舒畅。

二、友情美

友谊弥足珍贵，每个人都渴望得到它。但是，能否获得友谊，获得的友谊能不能长久，并不取决于一个人的地位、学历、职业、兴趣、处境、外貌等，而是取决于互为朋友的双方人格上是否接近。这种人与人的交情就像是一杯淡淡的茶，味道虽淡却醇香悠远；也像陈年的佳酿，褪去风华反而滋味愈加绵长。

友谊的益处是多方面的。当我们遭遇不幸和痛苦时，朋友可以一起分担；当我们孤独无助时，朋友可以星夜兼程、不远万里，向我们伸出一双温暖的手。在朋友面前我们通常是真实的、毫无戒备的，无论做什么事，说什么话，都会感到非常愉快，这种愉快如水般清澈，是慰藉心灵的源泉。友谊是一份来自朋友的珍贵礼物，我们应当怀着一颗感恩的心，感谢朋友为我们所做的一切。

三、爱情美

诗经中有许多爱情箴言，有“窈窕淑女，君子好逑”“桃之夭夭，灼灼其华”“执子之手，与子偕老”，带给人无限的遐想。那么，爱情究竟是什么？

爱情是春天的雨，滋润一方土地，带来勃勃生机。当春天来了，爱情的雨滴就像珍珠，串起又散落；当春天走了，爱情的小花不是结果就是凋落。

爱情是秋天的风，来的时候清爽柔和，走的时候污浊猛烈，横扫狂沙和落叶，只留下萧瑟惨淡和满目的苍凉！

爱情是天上的云，总是飘浮不定、变幻莫测，一会儿将天空装扮得绚丽多姿、美丽梦幻，一会儿又乌云压城、风雨满楼。

爱情说穿了，普普通通，平平常常，就是男人和女人互相理解，互相尊重，互相搀扶。

爱情中有甜蜜，也有苦涩；有怦然心动，也有伤心欲绝。威廉·莎士比亚曾说过：“爱是一种甜蜜的痛苦。真诚的爱情永不是一条平坦的路。”大学生要学会爱与被爱：一方面要知道自己喜欢什么，适合什么，要敢于表达心中所爱，并能承受求爱被拒所带来的烦恼和困扰；另一方面，当别人向自己表达爱时，要能准确把握信息，坦然做出抉择，或接受，或谢绝，亦或再观察，都应照顾到对方的情绪。

总之，爱情是美好的，它是人生的重要组成部分，但并不是人生的全部。人生的主旋律应该是学习。因此，大学生要树立学业第一的观念，明确今天的学习与未来的事业息息相关，今天的学习是未来爱情和婚姻的基础，从而真正把学习放在第一位，让爱情服从学业，让爱情促进学习。

【美的欣赏】

人生的漫漫长途，有人结伴而行，互相温暖，而有的人，走着走着，就消失在茫茫人海中。如果有幸，多年后偶然遇见故友，是否会如当初那样亲密无间，是否也是在花开时节？欣赏《淮上喜会梁川故友》这首诗（见图4-64），感受诗中诉说的深情厚谊，及其表达的依依不舍的思念之情和对时光的感慨。

▲ 图4-64　《淮上喜会梁川故友》（韦应物）

【美的体验】

通过“对父母说‘我爱你’”行动，表达对父母的感激之情。

（1）“对父母说‘我爱你’”可以用语言、短文来表达，也可以用行动（如为父母按摩、洗脚等）来表达。请为父母做一件事或设计一次家庭活动。

（2）设计好活动内容后，在父母空闲的时候，对他们大声地说出“我爱你”，并用行动表达对他们的爱。

（3）为了让活动变得更有意义，可以拍照、录制视频等，留住美好的瞬间。

（4）活动完成后，可以做成相册或视频花絮，配以文字，表达对父母的感恩。

第五节　劳动之美

【美的印象】

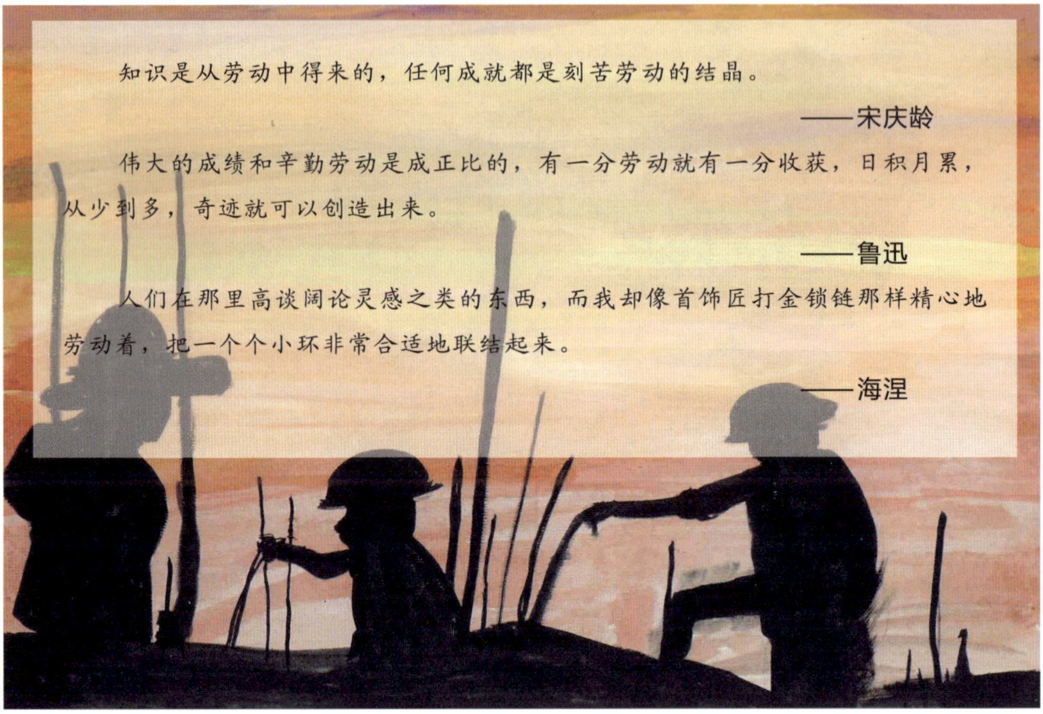

知识是从劳动中得来的，任何成就都是刻苦劳动的结晶。

——宋庆龄

伟大的成绩和辛勤劳动是成正比的，有一分劳动就有一分收获，日积月累，从少到多，奇迹就可以创造出来。

——鲁迅

人们在那里高谈阔论灵感之类的东西，而我却像首饰匠打金锁链那样精心地劳动着，把一个个小环非常合适地联结起来。

——海涅

【美的视窗】

人生在勤，不索何获？怀古溯今，“劳而所获”一直是中华儿女崇敬的品质。几千年来，中华儿女用辛勤、诚实、创造性的劳动将光荣、崇高、伟大和美丽刻画得淋漓尽致。

劳动创造一切，劳动之美取决于劳动的本质，突出表现在劳模精神和工匠精神方面。党的十九大报告强调，要建设知识型、技能型、创新型劳动者大军，弘扬劳模精神和工匠精神，营造劳动光荣的社会风尚和精益求精的敬业风气。

一、劳模精神

“劳动模范”简称劳模，是指在社会主义建设事业中成绩卓著的劳动者，是经职工民主评选、有关部门审核和政府审批后授予的荣誉称号。劳模精神是指“爱岗敬业、争创一流、艰苦奋斗、勇于创新、淡泊名利、甘于奉献”的劳动模范的精神，它集中体现了中国工人阶级的先进思想和精神风貌的优秀品质。虽然每个时代的劳模都有其特点，但无论时代如何变迁，永远不变的是劳模精神的本质。

新时代劳动者之歌 • 高凤林

现今，我国各行各业涌现出来的劳动模范，既体现了劳动者的勤劳创造之美，展现了劳动者追求卓越之美，也凸显了劳动者的爱岗敬业之美。

二、工匠精神

高铁研磨师——宁允展

工匠精神属于职业精神的范畴，是从业人员的一种职业价值取向和行为表现，与其人生观和价值观紧密相连，是其从业过程中对职业的态度和精神理念。具体而言，它是从业人员，尤其是工匠们，对产品精雕细琢、精益求精的理念，是不断地雕琢产品、改善工艺、享受产品升华的过程。工匠精神的核心是对品质的追求，工匠精神的目标是打造本行业的精品。其基本内涵包括全身心投入的敬业精神、追求卓越的精益精神、持之以恒的专注精神和追求突破的创新精神。

工匠精神之美，美在精于工、匠于心、品于行。在加快制造强国建设过程中，我们要将精益求精、不懈创新、笃实专注的工匠精神融入现代工业生产与管理实践，夯实基础，补齐短板，加快形成中国制造新优势，打造中国制造新名片。

【美的欣赏】

下面请欣赏各行各业劳动者的风采（见图4-65至图4-68），感受劳动之美。

4名高空作业工人犹如“蜘蛛侠”般轻盈地贴在墙体上，他们娴熟的动作就像跳动的音符。

▲ 图4-65　高空作业工人

渔民在山东省荣成市爱伦湾海域迎着朝霞收获海带，一派繁忙的丰收景象。

▲ 图4-66　渔民

大雪纷飞，交警依然坚守岗位，确保降雪天气条件下道路的安全、畅通，最大限度保障人民群众的生命财产安全。

▲ 图4-67　警察

贵阳市乌当区境内高铁铁路工地，一群铁路建设者仍然奋战在一线。他们在转战下一段工地途中，回望已建成的高铁轨道，脸上洋溢起了笑容。

▲ 图4-68　铁路建设者

【美的体验】

开展“向劳动致敬”农耕文化体验活动。就近选择合适的农田，开展采摘水果、挖红薯、收玉米等农耕活动，让同学们一起体验劳动的艰辛与乐趣，分享丰收的果实和喜悦。

第六节　形体之美

【美的印象】

形体之美要胜于颜色之美，优雅行为之美又胜于形体之美。

——培根

再没有比人类形体更美的了。因此，我们把人的形体赋予我们的神灵。

——菲迪亚斯

体态匀称、发育健康，构成一个和谐的整体。它给予人以端庄、优雅、圣洁、高尚的感觉，引起人们对世俗生活的兴趣，激起奋发上进的精神。

——米开朗琪罗

【美的视窗】

形体美是指以人的形体作为审美对象所表现出来的美，其主要表现在以下几个方面。

一、形态美

人的形态美，主要取决于身高与体重的比例是否协调。一般来说，身高较多地依赖于遗传，而体重及受体重制约的胸围、腰围、臀围等受后天因素的影响较大。因此，要塑造形态美，必须遵循人体生长发育的规律，在遗传因素所允许的范围内，根据自身的条件，通过控制肌肉和脂肪这两个可变的因素，消除身体各部分的多余脂肪，从而使身体协调、匀称。

二、姿态美

姿态是指一个人在坐、立、行等各种基本活动中所表现出来的身材姿势和举止神情，它能突出反映一个人的气质和风度。在日常生活中，形体美需要通过优美的姿态来展现。要塑造姿态美，必须通过严格的形体训练，形成和掌握正确的姿势，并矫正不良、错误的姿势。

三、动作美

动作美是指身体各部分在空间活动变化而呈现出来的外部形态的美，是一种具有造型性质的动态美。完成动作时轻松、协调、准确、敏捷、高效，能带给人以轻柔的美感。动作的敏捷与灵活是人体端正和匀称发展的标志。

四、气质美

气质通常指人的典型而稳定的个性特点、风度，反映在一个人对待现实生活的态度、个性、自我调整能力和言行特征等方面。气质的形成与人的体质、神经类型等生理特征有关，也受家庭条件、文化教育、自身修养等的影响。所以，在加强形体训练，提升形态美、姿态美、动作美的同时，要全面提高自己的文化素养、道德修养、美学素养，才能具有气质美。

【美的欣赏】

学习古典舞可以训练形体，让身材更挺拔，形体更修长，还可以让身体曲线更优美、玲珑，更可以陶冶情操，培养优雅和高贵的气质。下面请欣赏中国古典舞基本舞姿（见图4-69至图4-71），说说这些动作美在哪里。

▲ 图4-69　立身射燕

▲ 图4-70　探海

▲ 图4-71　波浪云手

【美的体验】

姿态训练是形体训练的重要组成部分。姿态包括站姿、坐姿、走姿、蹲姿等，它在社交活动中有着特殊的作用：潇洒的风度、优雅的姿态，会给人留下良好的印象；而不规范的姿态可能会使人对你产生不好的印象。请同学们查找正确站姿、坐姿、走姿、蹲姿的动作要点，并对照练习和体验，切实改善自己的姿态。

姿态训练

素质园地

中国瓷器的一带一路情缘

2021年4月至7月，《海上丝绸之路的故事——中国销往欧洲纹章瓷器精品展》在国家海洋博物馆展出。一件件华美瑰丽、兼具中西文化特色的瓷器，讲述着中国瓷器经由古丝绸之路走向世界的历史。近年来，在中外考古人员的通力合作下，有关瓷器的研究发现不断刷新着人们对海上丝绸之路的认知。

2016年，故宫博物院与英国杜伦大学签署合作协议，双方在共建“一带一路”框架下，就中东、欧洲以及印度洋地区的考古以及该地区出土的中国瓷器等文物资料进行合作研究。几年来，在中国、印度、阿联酋等地区的遗址，双方团队多次联合进行考古发掘和文物整理工作。2019年，中英联合考古团队整理了10余件中国唐代至宋代早期陶瓷残片，它们出土于西班牙萨拉戈萨、阿尔梅里亚和巴伦西亚等地。杜伦大学考古系教授克里斯·杰拉德介绍，这一重大发现从物质文化角度证明，早在唐代，中国与地中海地区就有丰富的文化与经济交流，改变了欧中陶瓷贸易始于明代的传统观点，为人们重新理解海上丝绸之路提供了重要线索。

新冠肺炎疫情防控期间，中英考古研究合作通过线上方式继续进行。2021年6月26日至27日，故宫博物院与杜伦大学合作举办学术研讨会，来自中英法三国的学者介绍了最新研究成果。杜伦大学考古系德里克·康奈特博士表示，从非洲、波斯湾到印度，印度洋沿岸的每一处遗址中几乎都发现了中国陶瓷的存在。这是考古学上非常重要的现象，需要中西方学者共同合作研究。英方与中国故宫博物院、北京大学、山东大学等机构合作，发挥各自专业优势，为研究海上丝绸之路沿线的经济社会发展带来新的视角和成果，有助于更好地理解中国在古代印度洋贸易中发挥的作用。康奈特说："丝绸之路将各国研究者联系在一起，我们在工作中建立了情谊，多了不少好朋友、好伙伴。"

（资料来源：中国共产党新闻网，http://cpc.people.com.cn/n1/2021/1005/c64387-32245750.html）

第五单元

心灵的旋律：艺术美

本章导读

艺术是反映自然和生活的一种文化类型。在反映生活方面，艺术总是把生活中美好的一面展示给人们，让人们感受到生活的美好，唤起人们对生活的热爱和向往之情，激发人们的进取意识，振奋人们的精神。因为各种艺术作品都是以审美为创作目的的，所以艺术作品的欣赏从一定意义上讲是一种美的感受与体验活动。

第一节　音乐之美

【美的印象】

音乐是我们在日常生活中最常接触到的一个艺术门类，开心时我们喜欢听欢快的音乐，沮丧时我们喜欢听低沉的音乐，浮躁时我们喜欢听舒缓的音乐。音乐是心灵的表达，能够让人放松心情，相信大部分同学都有自己喜欢的歌手和歌曲，对音乐的美也有自己的体会。

【美的视窗】

一、音乐艺术的美

音乐艺术之所以美，之所以扣人心弦，让人如痴如醉，是因为音乐艺术具有很强的抒情性和节奏性。

抒情性是音乐的基本属性。音乐的抒情性来源于其内在的本质属性和特殊的表现手段，它可以通过力度的强弱、节奏的快慢、幅度和能量的大小等多种方式，来表现人们繁复多样、深刻细腻的内心情感。正是由于音乐具有抒情性的本质属性，使得它的创作和欣赏总是离不开强烈的情感体验，这恰恰也是音乐艺术的魅力所在。也正因为如此，我们才可以感受到《二泉映月》的哀怨，《十面埋伏》的热烈，《平沙落雁》的静美，《汉宫秋月》的悲泣；也可以感受到莫扎特作品的轻灵细腻，贝多芬作品的激情奔放，门德尔松作品的优美典雅，德彪西作品的朦胧伤感。

音乐节奏具体是指乐音的长短、高低、强弱等变化组合的形式，它是旋律的骨干，也是乐曲结构的基本构成要素。不同的节奏具有不同的艺术表现作用，从而使旋律具有鲜明的个性；不同体裁的音乐，节奏也有所不同。例如，进行曲以偶数拍作周期性反复，节奏鲜明，具有代表性的作品有《土耳其进行曲》《大刀进行曲》等；圆舞曲旋律流畅、节奏明快，给人一种活泼欢快、富有朝气的感觉，具有代表性的作品有《蓝色多瑙河》《春之声》等。

二、音乐的分类

音乐的种类很多，从大的方面讲，可以把音乐作品分为声乐和器乐两大类。

1. 声乐

声乐是指用人声歌唱形式表达的音乐，主要包括民歌和艺术歌曲。民歌产生于劳动人民长期的社会生活和劳动实践之中，是劳动人民的集体创作，主要有山歌、小调、劳动号子等；艺术歌曲是指表现手段及作曲技法较为复杂的具有较高艺术性的歌曲。

2. 器乐

器乐是指用乐器演奏的音乐，其划分方法有很多。根据乐器的不同种类和演奏方法，器乐可分为弦乐、管乐、弹拨乐和打击乐四类；根据演奏方式的不同，器乐又可分为独奏、重奏、齐奏、伴奏、合奏等多种形式；从体裁形式来划分，器乐又可分为序曲、协奏曲、交响曲、组曲、夜曲、幻想曲、狂想曲等。这里主要介绍序曲、协奏曲、交响曲、组曲、夜曲、幻想曲、狂想曲。

序曲是指歌剧、舞剧及其他戏剧作品和声乐、器乐套曲的开始曲；协奏曲是指一件或多件独奏乐器与管弦乐队竞奏的器乐套曲；交响曲是一种由管弦乐队演奏的大型套曲；组曲是指由几个具有相对独立性的乐章，在统一的艺术构思下，排列、组合而成的器乐套曲；夜曲是一种具有安谧恬静的气质和沉思默想的性格的抒情器乐曲，大都为钢琴曲；幻想曲是一种形式自由洒脱、乐思浮想联翩的器乐曲；狂想曲大多数是以缓慢的民歌曲调为基础进行变奏的器乐曲。

三、音乐的欣赏方法

欣赏一部音乐作品，不仅要具备一定的文化知识和艺术修养，还要掌握正确的欣赏方法。只有这样，才能比较全面地领略音乐的内涵，获得艺术享受。通常，要做好以下几个方面的资料准备或音乐常识准备。

1. 了解作品与作者的时代背景

音乐作品表现了作者对现实生活的感受，只有了解作品的创作背景，才能深入地体会和理解它所包含的思想感情。例如，由黄自作曲、韦瀚章作词的《旗正飘飘》创作于抗日战争的艰苦时期，反映了当时危急的民族现状，表达了创作者强烈的爱国情操。

2. 了解音乐作品的民族特征

正如俄罗斯作曲家格林卡所说：“真正创造音乐的是人民，作曲家只不过是把它们编成曲子而已。”一切音乐作品都植根于民族、民间音乐。有些作品只是概括地体现了民族音乐语言的某些特点，有些作品则与具体的民间音调保持着密切的联系，如电影《白毛女》的插曲《扎红头绳》，就采用了山西秧歌《拾麦穗》的基本曲调。

3. 掌握音乐语言

音乐作为一种独特的艺术形式，有自己独特的艺术表达语言。音乐语言包括很多要素，如旋律、节奏、节拍、速度、力度、音区、音色、和声、调式、调性等。一部音乐作品的思想内容和艺术美，要通过音乐的语言要素来表现。因此，了解和熟悉音乐的艺术语言，对于正确、深入地欣赏音乐大有裨益。

4. 了解音乐作品的曲式、体裁

曲式是音乐材料的排列样式，也就是乐曲的结构布局。曲式有单乐段、二段式、三段式、复三段式、变奏曲式和奏鸣曲式等形式。

体裁是音乐的品种，用以表现不同的音乐题材和内容，如序曲、协奏曲、交响曲、组曲、夜曲、幻想曲、狂想曲等。

因此，了解音乐作品的曲式、体裁等知识，对于欣赏音乐也非常有帮助。

【美的欣赏】

欣赏中国民歌——《茉莉花》

民歌《茉莉花》欣赏

《茉莉花》这首中国民歌起源于南京六合民间传唱百年的《鲜花调》，由军旅作曲家何仿整理改编而成。这首歌采用五声调式（由五个音构成的调式），旋律委婉、流畅，感情细腻，结构均衡，属于单乐段分节歌。第一、二乐句对称工整；第三、四乐句结构压缩、衔接紧密。句尾的切分节奏的运用，使旋律更为轻盈活泼。

歌中抒写了自然界的景物，表现出一种淳朴柔美的感情，将茉莉花开时节，满园飘香，美丽的少女们爱花、惜花、怜花、欲采又舍不得采的复杂感情，表达得淋漓尽致，如图5-1所示。这首歌旋律优美平和，符合中国人“以柔克刚”的个性。

这首歌先后在香港回归祖国政权交接仪式、雅典奥运会闭幕式、北京奥运会开幕式、南京青奥会开幕式等重大活动中演唱，在国际上具有极高的知名度，是中国文化的代表元素之一。因其特殊的地位和象征意义，《茉莉花》被誉为“中国的第二国歌”。

▲ 图5-1　中国民歌《茉莉花》歌词

【美的体验】

2018年的农历大年初一，在央视播出的《经典咏流传》节目中，88岁高龄的中国第一代钢琴演奏家巫漪丽老师颤颤巍巍地走上台，弹奏了一首经典乐曲《梁祝》，行云流水般的演奏仿佛让整个世界都安静下来了。一个家喻户晓的爱情故事，一首唯美动听的曲子，结合大师的倾情演绎，成就了一段经典传奇。扫码欣赏巫漪丽老师演奏的《梁祝》，体验传统故事和现代音乐的融合，感受天籁之音带来的震撼。

巫漪丽老师版《梁祝》欣赏

第二节　舞蹈之美

【美的印象】

相信大家对《飞天》这个舞蹈都有印象，在2008年的央视春节联欢晚会上，舞蹈《飞天》给观众带来了一场视觉盛宴：七名仙女打扮的舞蹈演员站在升降舞台上，用肢体配合音乐演绎了敦煌壁画中的飞天形象（见图5-2），非常唯美、神秘、美妙，展现了中国古典舞的魅力。

古典舞《飞天》欣赏

▲ 图5-2　古典舞《飞天》

【美的视窗】

一、舞蹈艺术的美

舞蹈是以经过提炼加工的人体动作为主要表现手段，运用舞蹈语言、节奏、表情和构图等多种基本要素，塑造出具有直观性和动态性的舞蹈形象，表达人们的思想感情的一种艺术形式。

舞者伴随着音乐翩翩起舞，时而热情高涨，时而优美抒情，时而舒展有力，时而挥洒自如，动如脱兔，静如处子，让人感觉优雅、震撼、跳脱，好像与舞者心灵相通了一样。舞蹈艺术的美是多方面的，主要表现在它的动态性、抒情性、表演性和形象性上。

舞蹈艺术的美首先表现在动态性上。所谓动态性，是指舞蹈以人体的躯干和四肢为主要工具，并通过各种动作姿态和造型形象地反映客观事物和人物的精神世界、塑造舞蹈形象，如图5-3、图5-4所示。

▲ 图5-3　充满力量感的舞蹈动作

▲ 图5-4　柔美的中国古典舞动作

其次是强烈的抒情性。《毛诗序》中写道："情动于中而形于言，言之不足，故嗟叹之；嗟叹之不足，故咏歌之；咏歌之不足，不知手之舞之，足之蹈之也。"即将舞蹈视为"达情"的最高层次。舞蹈的一切形式因素，诸如节奏的快慢、动作的大小、力度的强弱、构图的繁简等，都是随着情感的变化而改变的。

最后是表演性和形象性。舞蹈属于一种表演艺术，它的舞台实现有赖于合格的解释者，即舞蹈表演家。只有通过他们的表演，舞蹈才能作为艺术作品而存在，才能显示其审美意义和审美价值。因此，表演性是舞蹈的基础。例如，杨丽萍表演的孔雀舞既有强烈的民族特色，又有鲜明的时代风韵，具有很强的力量感和生命力，如图5-5所示。而舞蹈的形象性完全依靠舞蹈演员的形体动作（即肢体语言）来体现，具有直观性、动态性和表情性等特点，如芭蕾舞中的白天鹅的舞蹈形象，如图5-6所示。

▲ 图5-5　杨丽萍表演的孔雀舞

▲ 图5-6　白天鹅的舞蹈形象

二、舞蹈的分类

从总体上讲，舞蹈可以分为生活舞蹈和艺术舞蹈两大类。

1. 生活舞蹈

生活舞蹈是与人们的日常生活密切相关的一类舞蹈，其目的在于自娱或社交，具有广泛的群众性和普及性。生活舞蹈包括习俗舞蹈、宗教舞蹈、交际舞蹈和体育舞蹈等。

习俗舞蹈又可称为节庆舞蹈、仪式舞蹈，是我国许多民族在婚配、丧葬、种植、收获及其他一些喜庆节日所举行的各种群众性活动中所跳的舞蹈；宗教舞蹈是举行宗教和祭祀活动时所跳的舞蹈。

交际舞蹈又称社交舞蹈，是以进行社会交往、增进友谊、联络感情为目的的舞蹈，包括华尔兹、伦巴、桑巴舞等，如图5-7、图5-8所示。

▲ 图5-7　华丽典雅的华尔兹

▲ 图5-8　热情奔放的伦巴

桑巴舞欣赏

体育舞蹈是舞蹈和体育的结合，包括各种健身舞、冰上舞蹈、水上舞蹈等，另外狭义的体育舞蹈专指国际标准舞，如图5-9、图5-10所示。

▲ 图5-9　国际标准舞

▲ 图5-10　冰上舞蹈

冰上舞蹈欣赏

2. 艺术舞蹈

艺术舞蹈是指由专业或业余舞蹈家通过艺术创作在舞台上表演的艺术作品。这类舞蹈通常具有较高的技艺水平、完整的艺术构思、鲜明的主题思想和栩栩如生的艺术形象。从表现风格来看，艺术舞蹈主要包括古典舞和现代舞。

古典舞是在民族民间舞蹈的基础上进行提炼、整理、加工和创造，而形成的具有一定典范意义和古典风格特点的舞蹈，包括欧洲的芭蕾舞（见图5-11、图5-12）、印度的婆罗多舞、印尼巴厘岛的班耐舞、中国的古典舞（见图5-13）等。

▶ 图5-11　芭蕾舞注重脚尖的技巧

▲ 图5-12　芭蕾舞注重动作的稳定性与外开性

▲ 图5-13　中国古典舞在人体形态上强调“拧、倾、圆、曲”

现代舞主张摆脱动作程式的束缚，以合乎自然运动法则的舞蹈动作，自由地抒发人的真实情感。与古典舞相比，现代舞的动作更为健康、从容和自在，如图5-14所示。

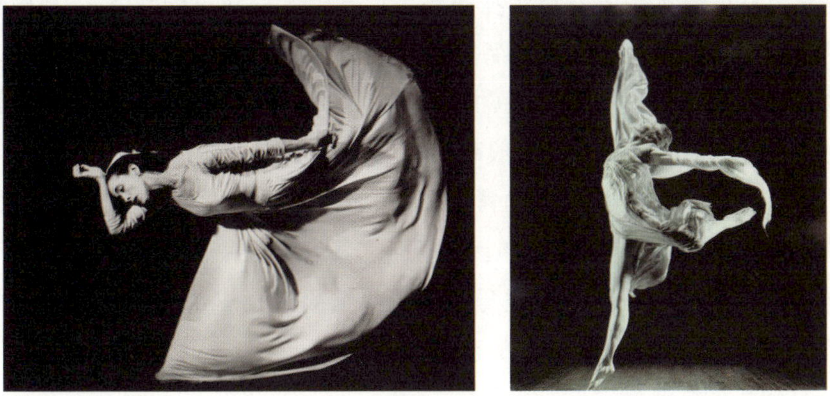

▲ 图5-14　现代舞表演

三、舞蹈的欣赏方法

欣赏舞蹈时，可以从动作、节奏、表情、结构、构图、服装、道具、布景、灯光、音响、舞台设计等方面入手。我国著名舞蹈家吴晓邦认为，欣赏舞蹈最重要的是欣赏表情、节奏和构图。

舞蹈演员的面部表情主要表现为眼、眉、嘴、鼻、面部肌肉的变化，其中眼神往往是舞蹈的神韵所在。在欣赏舞蹈表演时，要着重欣赏舞蹈演员的表情和神态，感受舞蹈演员通过夸张的身体姿态所表达的情感变化。

音乐对舞蹈非常重要，有音乐伴奏时，舞蹈节奏通常是随着音乐节奏而变化的，音乐的旋律起伏、舞蹈的肢体动作变化，可以带给欣赏者综合的审美体验。但对于舞蹈来说，音乐并不是必不可少的，没有音乐旋律当背景时，舞蹈也有自己的节奏，这个节奏蕴含在人体的自然运动规律之中，是舞蹈不可分离的重要元素。

舞蹈构图是舞蹈语言在舞台上存在和呈现的方式，也是舞蹈在时间、空间中的动态结构，一般指舞蹈演员在舞台空间的运动线（即不断变化、流动的舞蹈路线或队形）和画面造型，它是舞蹈欣赏的一个重要方面。

【美的欣赏】

《雀之灵》首演于1986年，是杨丽萍自编自演的一个舞蹈作品，该作品获得第二届全国舞蹈比赛编导一等奖和表演一等奖、“中华民族20世纪舞蹈经典评比”经典作品奖等。

《雀之灵》以傣族民间舞蹈“孔雀舞”为基础素材（见图5-15），抓住傣族舞蹈内在的动律和审美，依据情感和舞蹈形象的需求，大胆创新，在动作上注入现代元素，吸收了现代舞充分发挥肢体能动性的优点，不仅把孔雀的形象惟妙惟肖地展示在观众的面前，还创造了一个精灵般高洁的生命意象。

从动作上看，舞者修长柔韧的臂膀姿态和灵活变幻的手指造型，创造了孔雀引颈昂首的直观形象，蕴含着勃发向上的精神；舞者通过手臂各关节魔术般有层次的节节律动，将孔雀机敏、灵活、精巧的神韵尽情显露。这个舞蹈作品无论是在创作上，还是在表演上，都达到了极高的艺术境界。

▲ 图5-15　《雀之灵》舞台剧照

《雀之灵》欣赏

【美的体验】

芭蕾舞剧是以舞蹈为主要表现手段，将舞蹈、音乐、戏剧、美术等融合在一起，来刻画人物性格、表现故事情节和传达情感氛围的一种舞剧。具有代表性的大型古典芭蕾舞剧有《吉赛尔》《天鹅湖》《睡美人》等（见图5-16、图5-17）。同学们可以从网上查找视频，选择其中一部进行观看，有条件的话可以去剧院现场观看芭蕾舞表演，体验芭蕾舞的优雅和魅力。

▲ 图5-16　《吉赛尔》舞台剧照

▲ 图5-17　《天鹅湖》舞台剧照

第三节 绘画之美

【美的印象】

▲ 图5-18 《救世主》（达·芬奇）

达·芬奇是世界上最著名的画家之一，我们小时候就听过达·芬奇画鸡蛋的故事。你可能知道达·芬奇的代表作有《蒙娜丽莎》《最后的晚餐》《岩间圣母》等，可你知道吗，达·芬奇的另一幅不朽杰作《救世主》（见图5-18）是拍卖史上成交价最高的艺术品。2017年11月15日，《救世主》在纽约佳士得拍卖行以4亿美元的天价落槌，折合人民币近30亿元，打破了达·芬奇及其他任何古典大师作品的拍卖纪录。

史上最贵的艺术品《救世主》

【美的视窗】

一、绘画艺术的美

绘画是美术中最主要的一种艺术形式。它是一门运用线条、色彩和形体等艺术语言，通过构图、造型和设色等艺术手段，在二维空间（即平面）里塑造出静态的视觉形象的艺术。

绘画之所以能引人驻足、引人思考，是因为它包含了艺术家们对艺术的理解与表达，美好的画作或自然天成，简淡拙朴，散逸着清寂空灵，或大胆自由，表达了对生命的渴望，对情感的张扬，对时弊的针砭及对真情的感悟。绘画艺术的美是多方面的，主要体现在造型性、视觉性、瞬间性和表现性上。

造型性是指绘画作品重视描绘对象的外形，力求准确塑造客观事物的形象。好的画作能通过事物的典型性特征表现其真实性。例如，齐白石老先生画的虾像活的一样，可以看出虾在水里游。

视觉性是指绘画作品需要欣赏者用眼睛去看，才能从直观的视觉形象中获得丰富的审美享受。

瞬间性是指绘画作品是在动和静的交叉点上，抓住客观事物发展变化的某一瞬间的形象，将它用物质材料和艺术语言固定下来。绘画作品之所以美，是因为它反映了事物运动变化过程中最精彩的瞬间。

表现性是指绘画作品能表现出事物内在的精神气质，传达出艺术家的思想情感和审美理想。换句话说，欣赏绘画作品，其实也是欣赏艺术家丰富的内心世界。

二、绘画的分类及特点

绘画的种类繁多，范围广泛。按使用的材料、工具和技法来划分，可分为中国画、油画、版画、水彩画、水粉画、粉笔画等；按题材内容来划分，可分为肖像画、风景画、风俗画、静物画、历史画等。这里简要介绍三大画种，即中国画、油画和版画。

1. 中国画

中国画在世界美术领域自成体系，独具特色。同西方绘画相比，中国画有其自身的特点，概括而言，主要表现在以下几个方面。

第一，中国画又称为“水墨画”，采用中国特制的毛笔、墨或颜料，在宣纸或绢帛上作画。毛笔的勾、勒、点、皴等不同技巧和方法，使中国画表现出变化无穷的线条情趣；墨的烘、染、泼、积、拓等墨法，让墨色产生丰富而细微的色度变化，使得以墨代色的中国画具有独特而丰富的艺术魅力，如图5-19所示。

第二，中国画无论是工笔画，还是写意画，都非常强调“立意”和“传神”。画家往往只画山水的一个局部、花果的一枝一实，画中有大量的空白，都留给观众用想象来补充。

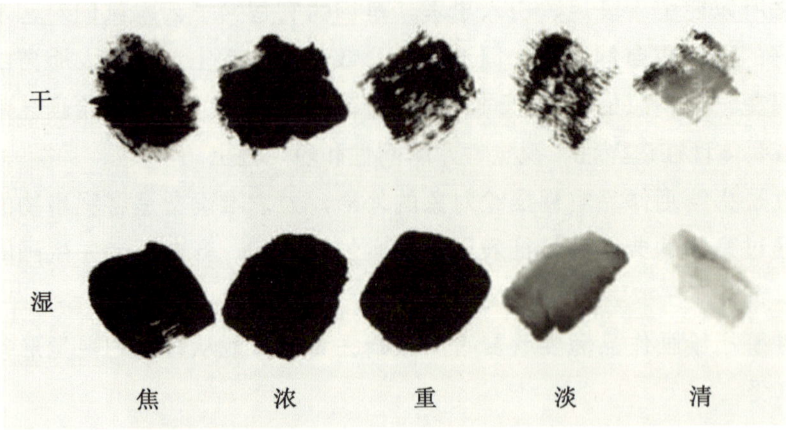

▲ 图5-19　丰富的墨色变化

第三，中国画常与诗文、书法、篆刻有机地结合在一起，相互补充，交相辉映，形成了中国画独特的内容美和形式美。例如，晚清民国时期著名国画家、书法家、篆刻家吴昌硕的绘画作品，结合篆刻笔法进行描绘勾勒，并自作诗配合作品的意境，如图5-20所示。

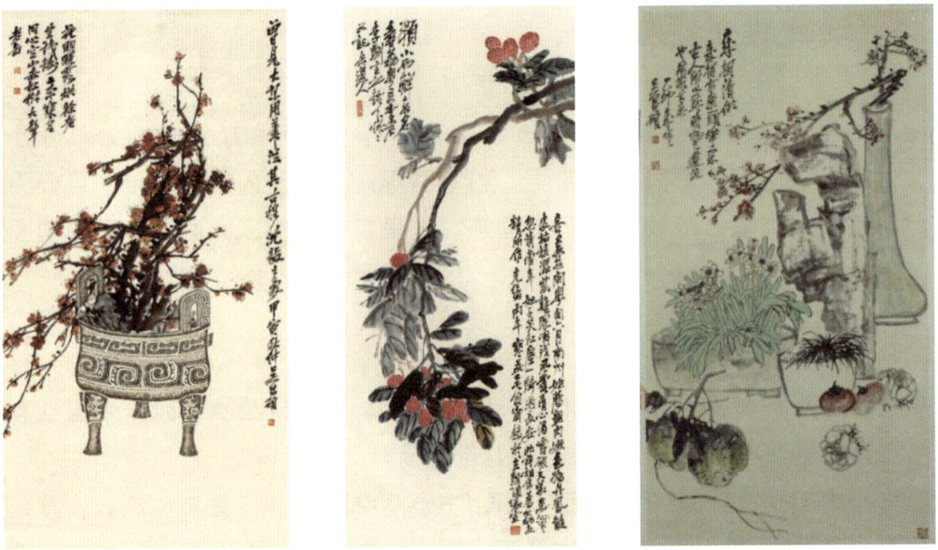

▲ 图5-20　吴昌硕作品选

2．油画

油画是西方最具代表性的绘画品种，是用油质颜料在布、木板或厚纸板上画成，其特点是色彩丰富鲜艳，能够充分表现物体的质感，使描绘对象显得生动逼真。

西方绘画的审美趣味，在于真和美。西方绘画追求对象的真实和环境的真实。

为了达到逼真的艺术效果，其十分讲究比例、明暗、透视、解剖等科学法则，并将光学、几何学、解剖学、色彩学等科学作为绘画依据，如图5-21、图5-22所示。

▲ 图5-21 《自画像》（梵高）

▲ 图5-22 《包厢》（雷诺阿）

概括地讲，中国绘画尚意，西方绘画尚形；中国绘画重表现、重情感，西方绘画重再现、重理性；中国绘画以线条为主要造型手段，西方绘画主要是由光和色来表现客观事物；中国绘画不受空间和时间的局限，西方绘画则严格遵守空间和时间的界限。

3．版画

版画也是西方绘画的一个重要画种。它是用笔、刀或化学药品在选定的材料上进行刻画。大名鼎鼎的巴勃罗·毕加索，是具有超凡的表现热情和创造力、涉猎广泛的艺术巨匠。他除了在油画、雕塑、陶艺和舞美等领域取得巨大成就外，还为世界留下了两千多幅极富实验精神和开拓意义的版画作品，如图5-23所示。

彩色石版画《戴发网的女子》

彩色胶版画《戴帽女子胸像》

▲ 图5-23 毕加索版画作品选

【美的欣赏】

缤纷炫目的油画世界

油画凭借颜料的遮盖力和透明性来充分表现描绘对象，多种颜色调和，可以画出丰富、逼真的色彩，像色彩缤纷的梦。色调是油画的精髓，是统领，是指挥，是对审美对象全部色彩的总体感觉。更明确地讲，色调就是对象在共同光源和环境条件下，色彩间相互对比、相互影响而形成的物象色彩的有机整体。

李奥尼德·阿夫列莫夫是调色的高手，他主要用调色刀与天然油料的搭配在画布上作画。其绘画技巧、色彩上的层次运用纯熟浑厚，令人惊叹，看起来就像是色彩在画布上飘散开来一样。相对于梵高流畅、衔接的色彩来说，他的色彩让人觉得有些梦幻，如图5-24所示。

▲ 图5-24　李奥尼德·阿夫列莫夫作品欣赏

李奥尼德·阿夫列莫夫自述：我喜欢通过画来表现美好的世界，以及与世界融合的感觉。我的作品是我灵魂的声音，它们携带了我对世界的认知、内心的情感和生活的激情。我坚信，真正的艺术能够启迪和哺育人类，让人类在黑暗中寻找到内心的自由。其作品被视为具有心理治疗效用的艺术。

【美的体验】

登录中国美术馆网站（http://www.namoc.org），在其“馆藏作品”栏目中欣赏绘画精品（见图5-25），并选择自己最喜欢的一幅作品分享给同学，介绍时说一说所选的作品美在哪里。

▲ 图5-25 中国美术馆网站的绘画作品

第四节 雕塑之美

【美的印象】

2018年年初，一组关于雕塑中的薄纱艺术的图片在微博上“火”了起来，引起了无数网友的赞叹，如图5-26所示。伟大的艺术家将坚硬的石头雕琢得柔如真丝，达到了一种无与伦比的完美的艺术境界。无论是纱的薄如蝉翼，还是皮肤的柔软质感，都极富感染力，美得让人忘却了呼吸。

▲ 图5-26　雕塑中的薄纱艺术

【美的视窗】

一、雕塑艺术的美

雕塑是立体的空间艺术和视觉艺术，是指用一定的物质材料做出具有实体形象的艺术品。由于其制作方法主要是雕刻和塑造两大类，故被称为雕塑。

雕塑是三维空间造型的艺术，它比绘画更富立体感、真实感，有人把它喻为“立体的诗，动态的书，有形的音乐”。雕塑的美，美在形体，美在空间，美在材质，美在肌理与光泽。在文学艺术中，也有将某种具有雕塑感的人或物形容为“雕塑美”。对人而言，是指体形比例接近完美、立体感明显，具有古典雕塑优雅姿态者及肌肉相对分明的男子。

二、雕塑艺术的历史

雕塑是人类文化史上最古老的艺术种类之一。无论是东方还是西方，雕塑艺术都有着悠久的历史。

秦汉时期、魏晋南北朝和唐宋时期是我国雕塑艺术发展的高峰时期。秦汉时期的雕塑以其恢宏的气势和力量在历史上留下了浓墨重彩的一笔。例如，被誉为世界第八大奇迹的秦始皇陵兵马俑，规模空前，气势磅礴，代表着我国古代高超的雕塑技艺水平，如图5-27所示。魏晋南北朝和唐宋时期，因为宗教的繁荣发展，宗教雕塑得以迅速发展，云冈石窟、龙门石窟、敦煌石窟、麦积山石窟等在这个时期不断完善起来，该时期的佛像、菩萨像等妙相庄严，神情恬静，慈祥和善，给人以睿智、宽博、高贵的印象，如图5-28所示。

▲ 图5-27　秦始皇陵兵马俑

▲ 图5-28　龙门石窟大佛

西方雕塑艺术源远流长，作品繁多。西方雕塑史上有三个最为辉煌的高峰期。第一个高峰期是古希腊罗马时期，该时期的雕塑主要表现神话故事，注重形式感，具有代表性的作品是《米洛斯的维纳斯》。该雕像身姿优美、脸庞典雅、肌肤丰腴、神态恬静，被法国雕塑家罗丹称为“古代的神品”。第二个高峰期是欧洲文艺复兴时期，这一时期的代表性人物是米开朗基罗，他的作品充分表现了人体的生命力和美，其代表作品有《哀悼基督》《大卫》《摩西》等，如图5-29所示。第三个高峰期是19世纪，以罗丹为代表的艺术家开始探索新的表现手法，将西方雕塑艺术推向新的高峰，他的代表作品是《思想者》。

▲ 图5-29　《摩西》

三、雕塑的分类

雕塑的种类和样式繁多。按题材来分，可以分为纪念性雕塑、建筑装饰性雕塑、城市园林雕塑、宗教雕塑、陵墓雕塑等，如图5-30至图5-32所示。

▲ 图5-30　人民英雄纪念碑

▲ 图5-31　建筑装饰性雕塑（巴黎歌剧院）

▲ 图5-32　麦积山宗教雕塑

从表现手法和形式上区分，雕塑又可分为圆雕、浮雕和透雕三类。圆雕又称浑雕，是不附着在任何背景上，可以从四面观赏的立体雕塑，具有厚重感和体积感，如图5-33所示；浮雕又称凸雕，是在平面上雕出凸起的艺术形象，如图5-34所示；透雕介于圆雕与浮雕之间，它是在浮雕的基础上，将其背景部分镂空制作而成，但又不脱离平面，犹如一件附着在平面背景上的圆雕，如图5-35所示。

▲ 图5-33　明十三陵甬道两旁的雕塑

▲ 图5-34　《纳拉姆辛纪功碑》

▲ 图5-35　中国传统透雕花砖

砖雕：沉淀千年的刻魂刀技

四、雕塑的欣赏方法

1. 感知雕塑空间的存在

首先，要了解和欣赏雕塑的形体美，以及不同体块组合所产生的节奏美和韵律美。其次，要懂得欣赏雕塑的“影像”效果，它是雕塑所呈现出的总体轮廓。这个“影像”或宏伟崇高，或宁静沉重，或升腾飞跃。最后，要欣赏雕塑本身所产生的体量感，它直接影响着观赏效果与主题的表达，如四川乐山大佛的宏伟壮观，无锡惠山泥人的玲珑精细。

2. 把握作品与空间环境的关系

雕塑作品往往处于特定的环境之中，它们与日光、地景、建筑等相互影响，相互制约。因此，对雕塑作品的鉴赏，应从雕塑与建筑、园林、街道等周边环境的相互关系中去把握，判断其是否与周边环境相协调。

3. 领会象征意义

雕塑的产生和发展与人类的生产活动紧密相关。不同时代的雕塑作品受宗教、哲学等社会意识形态的直接影响，它们是时代、思想、感情和审美观念的结晶。因此，对雕塑的欣赏应考虑其创作的时代背景，领会其象征意义。

【美的欣赏】

卢浮宫三宝

卢浮宫是世界上最古老、最大、最著名的博物馆之一，位于法国巴黎市中心的塞纳河北岸（右岸），始建于1204年，历经800多年扩建、重修才达到今天的规模。在卢浮宫博物馆里，有三件价值连城的传世之宝，分别是《米洛斯的维纳斯》《胜利女神像》和达·芬奇的《蒙娜丽莎》油画。这三件宝贝被称为“卢浮宫三宝”。《米洛斯的维纳斯》和《蒙娜丽莎》在前文已经介绍过，这里就欣赏一下《胜利女神像》。

《胜利女神像》是希腊化时代留存下来的著名杰作，虽然女神的头和手臂都已丢失，但仍被认为是代表古希腊雕塑家最高艺术水平的作品。不论从哪个角度，观赏者都能看到和感受到胜利女神展翅欲飞的雄姿。她上身略向前倾，那健壮丰腴、姿态优美的身躯，高高飞扬的雄健而硕大的羽翼，都充分体现出了胜利者的雄姿和欢呼凯旋的激情。海风似乎正从她的正面吹过来，薄薄的衣衫隐隐显露出女神那丰满而富有弹性的身躯，衣裙的质感和衣褶纹路的雕刻令人叹为观止，如图5-36所示。

▲ 图5-36 《胜利女神像》

【美的体验】

登录中国美术馆网站（http://www.namoc.org），在其“馆藏作品”栏目中欣赏雕塑精品（见图5-37），并选择自己最喜欢的一幅作品分享给同学们。

▲ 图5-37　中国美术馆网站的雕塑作品

第五节　建筑之美

【美的印象】

2019年4月15日，正进行维修的巴黎圣母院燃起大火（见图5-38），滚滚浓烟遮蔽了塞纳河畔的天空。火灾造成巴黎圣母院塔尖倒塌，建筑损毁严重，大家都为这座八百多年的伟大建筑感到惋惜。这种世界级的瑰宝一旦受损，便难以还原，哪怕修复如旧，也不具备昔日神韵，无法还原具有独特气质的历史现场。更何况，不是所有的文物都能修复。珍贵文化遗产的毁灭，是全人类的共同损失，巴黎圣母院火灾为全世界重点文物保护再次敲响警钟。

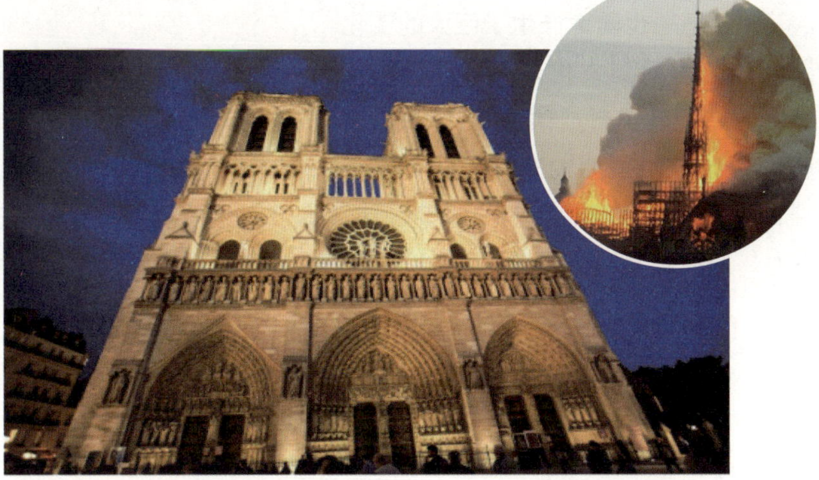

▲ 图5-38　法国巴黎圣母院遭遇火灾

【美的视窗】

一、建筑艺术的美

雨果曾说：建筑是石头的史书。所谓建筑艺术，是指按照美的规律，运用建筑艺术独特的艺术语言，使建筑形象具有文化价值和审美价值，具有象征性和形式美，体现出民族性和时代感。

建筑艺术的美，首先表现在它是“建筑”与“艺术”的和谐统一，既能满足人的物质需要和使用需要，又能满足人的精神需要和审美需要，如图5-39所示。

▲ 图5-39　悉尼歌剧院外观和内景

其次，建筑作为一个技术与艺术的综合体，它的美还体现在技术和美学思想上。世界各国的建筑从木结构建筑，到砖石结构建筑，再到钢筋水泥建筑、轻质材料建筑等，其美学思想也随之产生了巨大的变化。

最后，建筑艺术受到文化、风俗等因素的影响，因此它表现出鲜明的民族风格。例如，我国古代建筑自成体系，在建筑结构、族群布局、艺术形象、城市园林等各个方面，都体现出鲜明的东方建筑特点。中国古典建筑常采用曲线优美的屋顶、鲜艳夺目的色彩，以及翘角和飞檐等装饰，加上大量的雕刻彩绘，具有引人注目的艺术魅力，如图5-40所示。

▲ 图5-40　中国古典建筑中的飞檐、屋脊装饰及藻井彩绘

二、建筑美的表现

建筑美的规律，主要包括协调与统一、对称与均衡、对比与调和、节奏与韵律等。下面举例说明建筑美的表现。

1．色彩之美

色彩是建筑艺术的重要组成部分。建筑的美是综合了形态、色彩和材质的美而产生的。人们在欣赏建筑时，各种建筑的色彩（见图5-41）通过视觉反映到人的头脑中，产生种种色感，从而作用于人的感情。

▲ 图5-41　建筑外部的色彩

2. 对称之美

对称能给人以稳定、安静、庄重的感觉，古今中外很多建筑（如教堂、庙宇、宫殿等）都体现了“对称”的特点，如图5-42、图5-43所示。对称的建筑呈现出整齐严肃的布局特点，给人以美的享受。

▲ 图5-42　故宫的屋檐

▲ 图5-43　博斯杰斯教堂对称的建筑外观

3. 韵律之美

建筑中的韵律感一般是由类似形式的元素有规律、有秩序重复出现而形成的。无论是建筑的外观、材质，体块、构件，还是建筑色彩的排布规律，都可以在无形之中呈现出一种有节奏的韵律感，如同一串优美的音符，让人陶醉其中，如图5-44所示。

▲ 图5-44　建筑中的韵律感

4. 和谐之美

在建筑作品中，丰富的素材和色彩、表现手法的多样化，能够丰富作品的艺术形象，但这些变化必须统一于建筑的主题和视觉形象。例如，贝聿铭设计的日本美秀美术馆，将建筑与周围环境浑然融为一体，游览者穿过隧道时，可以远眺到主建筑物，与自然环境相融的主建筑物被借入到画面中，体现出自然和艺术的和谐美，如图5-45至图5-48所示。

▲ 图5-45　美秀美术馆及周围环境

▲ 图5-46　美秀美术馆隧道

▲ 图5-47　美秀美术馆主建筑物入口

▲ 图5-48　美秀美术馆内部

三、建筑的分类

按照用途划分，建筑可分为民用建筑、工业建筑和农业建筑；按照主要承重结构的材料划分，建筑可分为木结构建筑（见图5-49）、砖木结构建筑、混合结构建筑、钢筋混凝土结构建筑、钢结构建筑（见图5-50）、钢—混凝土组合结构建筑等。

▲ 图5-49　中国第一木塔释迦塔

▲ 图5-50　国家体育场（鸟巢）

【美的欣赏】

中式建筑的对称美

对称之所以为美，这是视觉美的天性使然。中国人对自然的崇尚，更反映在对对称美的普遍运用上。对称的事物能给人一种“安静”的严肃感，蕴含着平衡、稳定之美。对称手法在中式建筑中有大量的运用。

从皇城宫苑到普通民宅，从群体建筑的规划到一户一室的布局，从亭台楼阁到寺庙殿堂，从轩榭廊舫到厅堂馆斋……我们处处都可见到中式对称的影子，如图5-51所示。对称结构的建筑，往往给人一种庄严肃穆的感觉，具有古典美感和秩序感。

▲ 图5-51　中式建筑的对称美

【美的体验】

登录故宫博物院网站（https://www.dpm.org.cn），在其“全景故宫”栏目（见图5-52）中欣赏故宫午门、太和殿、乾清宫等主要建筑物，说一说各建筑物的美的特征。

▲ 图5-52　故宫博物院网站的“全景故宫”栏目

第六节　戏剧之美

【美的印象】

威廉·莎士比亚创作的《哈姆雷特》，被称为灿烂王冠上“最辉煌的钻石”，可以带给人们独特的审美享受，如图5-53所示。

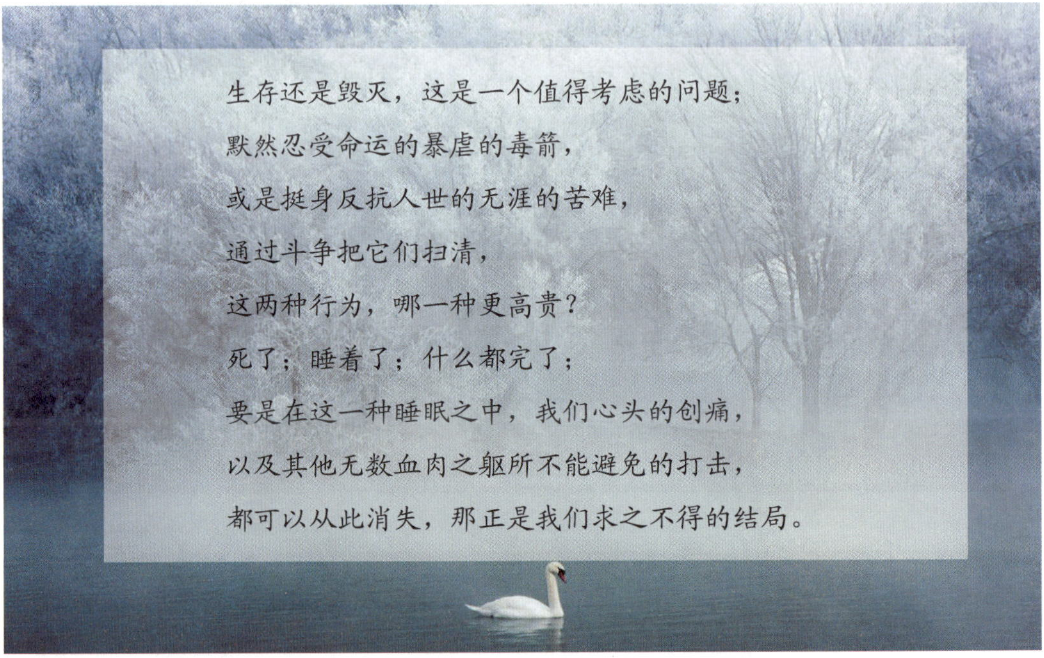

▲ 图5-53　威廉·莎士比亚《哈姆雷特》节选（朱生豪译）

【美的视窗】

一、戏剧艺术的美

从广义上讲，戏剧包括话剧、中国戏曲、歌剧、舞剧，乃至目前欧美各国影响广泛的音乐剧等。从狭义上讲，戏剧主要是指话剧。我们这里从狭义上讲戏剧，中国戏曲随后会单列出来讲。

一部好的戏剧，通常结构严谨、情节生动、表演精湛，让人沉醉、流连忘返、回味无穷。戏剧的美，表现在综合性、戏剧性、剧场性、表演性和文学性等多个方面，这里主要介绍综合性和戏剧性。

戏剧艺术的首要审美特征是综合性，它将时间艺术与空间艺术、视觉艺术与听觉艺术、造型艺术与表演艺术综合在一起，从而集时与空、视与听、动与静、再现与表现于一身，具有巨大的综合表现能力。

戏剧艺术的另一个审美特征是戏剧性。戏剧性是指戏剧艺术通过演员扮演的角色之间的冲突来展开剧情、刻画人物，借以吸引观众，实现其艺术效果和审美作用的特性。古今中外优秀的戏剧作品，无不具有强烈的戏剧性。例如，剧作家曹禺的代表作《雷雨》，围绕周、鲁两家的错综复杂的血缘关系，突出、生动地反映了两个不同阶层的家庭之间的尖锐矛盾，如图5-54所示。

话剧《雷雨》片段欣赏

▲ 图5-54 《雷雨》海报及舞台剧照

二、戏剧作品的分类

按照作品容量划分，戏剧可分为多幕剧和独幕剧；按照作品题材划分，戏剧可分为历史剧、现代剧、儿童剧等；按照作品的内容性质划分，戏剧又可分为悲剧、喜剧和正剧三大类型。这里主要按照最后一种分类方法进行介绍。

作为戏剧艺术的主要类型之一，悲剧历来被认为是戏剧之冠，具有崇高的地位。悲剧常常通过正义的毁灭、英雄的牺牲或主人公苦难的命运，显示出人的巨大精神力量和伟大人格，正如鲁迅所说："悲剧将人生的有价值的东西毁灭给人看"，相反，"喜剧将那无价值的撕破给人看"。具有代表性的悲剧作品有《俄狄浦斯王》（索福克勒斯）、《哈姆雷特》（威廉·莎士比亚）、《玩偶之家》（亨利克·易卜生）等。

喜剧的特点是以夸张的手法、巧妙的结构、诙谐的台词，以及对喜剧人物性格的刻画，把丑恶、落后事物的本质揭露出来而引人发笑。但笑只是喜剧的手段，而不是目的，其目的是通过笑引起人们对生活中反面的、落后的现象的否定和批判。具有代表性的喜剧作品有《伪君子》（莫里哀）、《一仆二主》（哥尔多尼）等，如图5-55所示。

▲ 图5-55　《一仆二主》剧照（天津人艺版）

正剧取材于日常生活，兼有悲剧和喜剧的特点并具有社会现实意义，著名的正剧有威廉·莎士比亚的《一报还一报》《暴风雨》，德尼·狄德罗的《私生子》《一家之主》等。

三、中国戏曲艺术的特点

中国戏曲种类繁多，据不完全统计，我国各民族地区的地方戏曲剧种有三百六十多个，难以尽述。这里主要介绍京剧、越剧、豫剧、黄梅戏等具有代表性的剧种。

京剧《贵妃醉酒》片段欣赏

京剧被称为国剧，其唱腔以西皮、二黄为主，是多种腔调的和谐统一，它同时巧妙地将地方字音与北京字音融为一体，使戏曲的唱白听起来通俗易懂、生动流畅，富有节奏感和韵律美。京剧的代表人物是“四大名旦”，他们的艺术风格各具特色，具体为梅兰芳的端庄典雅，尚小云的俏丽刚健，程砚秋的深沉委婉，荀慧生的娇昵柔媚。

越剧《梁山伯与祝英台》片段欣赏

越剧发源于浙江嵊州，被称为“流传最广的地方剧种”。其长于抒情，以唱为主，声音优美动听，表演真切动人，唯美典雅，极具江南灵秀之气。越剧以“才子佳人”题材为主，具有代表性的作品有

《梁山伯与祝英台》《红楼梦》《西厢记》等，如图5-56、图5-57所示。

▲ 图5-56　《梁山伯与祝英台》舞台剧照

▲ 图5-57　《红楼梦》舞台剧照

豫剧发源于河南省，以唱腔铿锵大气、抑扬有度、行腔酣畅、吐字清晰、生动活泼、有血有肉著称。著名的豫剧表演艺术家有陈素真、常香玉、崔兰田、马金凤等。具有代表性的作品有《抬花轿》《穆桂英挂帅》《朝阳沟》等，如图5-58、图5-59所示。

豫剧《朝阳沟》片段欣赏

▲ 图5-58　《抬花轿》舞台剧照

▲ 图5-59　《朝阳沟》舞台剧照

黄梅戏发源于湖北省，旧称黄梅调或采茶调，其唱腔淳朴流畅，表演质朴细致，以真实活泼著称，具有代表性的作品有《天仙配》《女驸马》《玉堂春》《牛郎织女》等，如图5-60、图5-61所示。

黄梅戏《天仙配》片段欣赏

▲ 图5-60　黄梅戏《天仙配》舞台剧照

▲ 图5-61　黄梅戏《女驸马》舞台剧照

【美的欣赏】

我国明代剧作家汤显祖创作的《牡丹亭》，具有极高的思想性和艺术性，是中国戏曲史上杰出的作品之一，如图5-62所示。

▲ 图5-62　汤显祖《牡丹亭》节选

昆曲是我国最古老的剧种之一，是中国戏曲文化的活化石。2004年，一部青春版《牡丹亭》“横空出世”，为昆曲注入了新鲜的血液。青春版《牡丹亭》由著名作家白先勇先生改编，他大刀阔斧地将原本五十五折的戏删减成二十九折，根据现代的审美观，利用现代剧场的

青春版《牡丹亭》片段欣赏

新概念，使这部传世经典以青春靓丽的形式出现在人们面前。

青春版《牡丹亭》精致而有诗意，其中的昆曲基本元素没变：优美的水磨腔、悠扬的笛声、充满韵味的唱词、饱含四功五法的表演。从舞美场景到演员的行头，每个细节都极尽华美精致，演出的各个环节也比传统的舞台戏剧更讲究，恰如一场四百年萦绕不绝的情梦，如图5-63所示。

▲ 图5-63　青春版《牡丹亭》宣传海报及剧照

【美的体验】

登录故宫博物院网站（https://www.dpm.org.cn），在其“戏曲馆”栏目（见图5-64）中了解中国戏曲的发展历程，欣赏历代戏曲精品。

▲ 图5-64　故宫博物院网站的“戏曲馆”栏目

第七节 影视之美

【美的印象】

▲ 图5-65 观看电影

在繁忙的现代生活中，观看影视作品已经成为我们重要的休闲方式，如图5-65所示。空闲的时候看看电影、电视剧或综艺节目，或者沉浸其中、深受触动，或者哈哈大笑、心情放松，或者激情澎湃、忘乎所以，这些都是影视作品带给我们的美好时光。或许我们很难用专业的语言表达影视之美，但是影视之美确实是每位观众都能感受到的。

【美的视窗】

一、影视艺术的美

什么是影视艺术？简单地说，就是电影艺术和电视艺术的合称。它们都将画面和声音作为艺术表达的方式，因此也可称为影音艺术。

影视艺术的美，首先表现在它的综合性上。影视艺术是一种创造性的艺术活动，它将众多艺术元素进行融合，然后形成影视自身新的特征。具体来说，影视艺术向音乐艺术借鉴了由不同音响素材实现的节奏感与和谐感；从建筑、绘画、雕塑等艺术中学会了造型结构和技巧，以及光线、色彩、构图的基本原则和技法；从文学中吸收了塑造人物、组织情节、叙述事件、抒发感情的手段；从戏剧中学习了调动系列手段来展现矛盾冲突，同时还吸收了戏剧演员的表演艺术特长。

影视艺术的美还表现在它的视觉造型性上，电影和电视都是以画面为视觉造型的核心因素。影视画面是由人、影、物、声、光、色等各种元素组合起来的综合造型形象。在无声电影时代，电影完全是靠视觉造型形象的独特魅力征服观众的。有声电影发明后，尽管声音发挥了很重要的作用，但是优秀的影视创作者总是在画面的构图、色彩、光线等方面进行精心的设计和创造，千方百计地突出画面造型，加强视觉效果。视觉造型性是影视艺术创作最基本、最主要的表现手段，也是影视艺术最本质的审美特征之一。

二、影视作品的分类

1. 电影的分类

电影艺术自诞生以来，经过一百多年的发展和演变，已经形成了众多类别和样式。通常，电影分类标准和方法是根据使用材料、工具、创作手段、表现对象及审美功能等方面综合考虑的，根据这一标准和方法，可以把电影分为故事片、科教片、纪录片和美术片四大片种，这也是国内外比较流行的一种分类标准和方法。

《燃情岁月》片段欣赏

故事片是指由职业或非职业演员扮演有关角色，具有一定故事情节，包含一定主题的艺术影片，如图5-66、图5-67所示的《燃情岁月》和《勇敢的心》。

▲ 图5-66 《燃情岁月》剧照

▲ 图5-67 《勇敢的心》剧照

科教片的全称是“科学教育片”，是传播科学文化知识、推广先进技术经验、传授工艺方法，为广大群众的社会生活、工作学习等服务的电影类别。

纪录片是以真实生活为创作素材，以真人真事为表现对象，并对其进行艺术的加工与展现的，以展现真实为本质，并用真实引发人们思考的艺术形式，如图5-68所示。

▲ 图5-68　《地球脉动》宣传海报及剧照

美术片是动画片、木偶片、剪纸片的总称，它是一种特殊形式的电影，如图5-69所示的《狮子王2：辛巴的荣耀》。

▲ 图5-69　《狮子王2：辛巴的荣耀》宣传海报及剧照

2. 电视的分类

电视艺术作为电视节目的重要组成部分，主要是指电视屏幕上播出的各式各类的文艺节目，包括电视剧、电视综艺节目、电视艺术片、电视专题文艺节目，以及音乐电视、电视文艺谈话类节目、电视娱乐节目等。这里主要介绍电视剧。

电视剧是电视艺术的主要类型。电视剧品种较多，从播出时间和篇幅长短的角度来划分，可分为电视短剧、小品、单本剧、连续剧、系列剧等。

电视短剧和小品是篇幅最短的电视剧，相当于文学作品中的“微型小说”；电视单本剧是由完整的故事或情节构成的基本上一次播完（或分上、中、下三集）的电视剧，相当于文学作品中的“短篇小说”；电视连续剧是分集播出的多部、多集电视剧，相当于文学作品中的“长篇小说”；电视系列剧是人物及主题具有连续性，但情节不具备连续性的电视剧，包括情节系列剧和情景喜剧两种，如图5-70至图5-72所示。

▲ 图5-70　小品《吃面条》剧照

▲ 图5-71　电视连续剧《如懿传》宣传海报及剧照

▲ 图5-72　情景喜剧《家有儿女》和《武林外传》剧照

【美的欣赏】

《天堂电影院》由意大利导演朱塞佩·托纳多雷执导，该片荣获1990年第62届奥斯卡最佳外语片奖，1989年第42届戛纳电影节评审团大奖。

《天堂电影院》讲述的是一个成长在意大利西西里岛的小男孩的故事。主人公多多是一个古灵精怪的小孩子，而艾佛特是“天堂乐园戏院”的放映师，因为电影的缘故，他们建立起亦师亦友的关系。放映师所扮演的是引领者的角色，在多多的童年、青少年、成年，甚至老年，一直带领着多多成长，如图5-73所示。

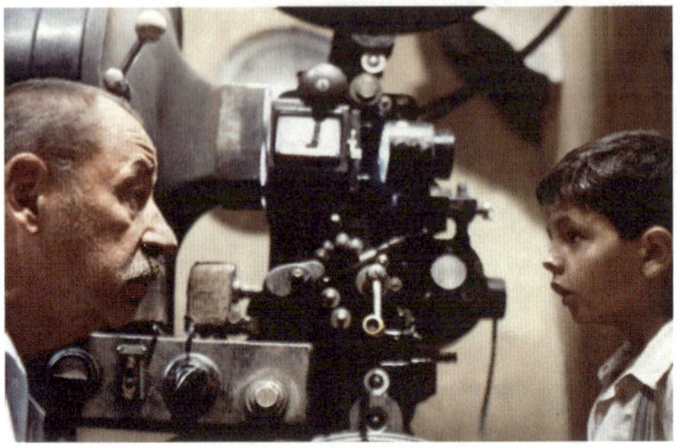

▲ 图5-73　《天堂电影院》剧照

这是一部缅怀电影历史及个人的情感历程的作品，影片对时间、空间的描述非常精妙，也有很多巧妙的转场，例如，以声音为过渡的巧妙转场、从幼年多多到青年多多的巧妙转场等，如图5-74、图5-75所示。欣赏这部影片，可以感受到其中绵长、悠远的怀旧气息。

▲ 图5-74　《天堂电影院》以声音为过渡的巧妙转场

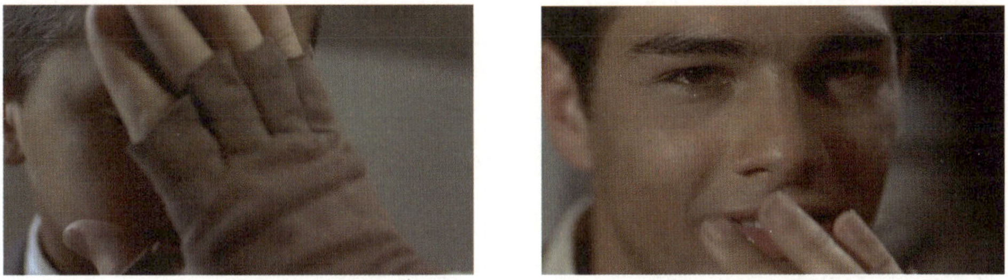

▲ 图5-75　《天堂电影院》从幼年多多到青年多多的巧妙转场

【美的体验】

《权力的游戏》是美国HBO电视网制作推出的一部中世纪史诗奇幻题材的电视剧。该剧改编自美国作家乔治·R. R. 马丁的奇幻小说《冰与火之歌》系列。本剧自开播以来，共获艾美奖、金球奖等重要奖项几十次，可谓成绩卓著，图5-76为其精彩剧照。观看这部电视剧，从艺术欣赏的角度尝试分析该剧取得巨大成功的原因，并说一说剧中令你印象深刻的片段。

▲ 图5-76　《权力的游戏》精彩剧照

素质园地

以笔墨传承民族精神——徐悲鸿的爱国情怀

2018年1月，中国美术馆举办“民族与时代——徐悲鸿主题创作大展”，这是观众与美术大家徐悲鸿之间一次难得的对话机会。

徐悲鸿在“五四”以来中国革命的各个时期，创作了《田横五百士》等大批高扬民族精神的名作。“吾国之理想派，乃能大放光明于世界，因吾国五千年来之神话、之历史、之诗歌，蕴藏无尽。”返回中国古代典籍里的历史故事，将文学作品转换为艺术形象，乃是徐悲鸿独辟的一条复兴中华民族精神之道。

《田横五百士》（见图5-77）取材于《史记·田儋列传》，表现了田横与五百壮士离别时的场景，悲壮气概撼人心魄。画中的男女老幼构成悲愤难当的画面节奏，汇成一种英雄主义气概。从1928年至1930年，徐悲鸿用3年时间完成这幅巨作，意在通过田横故事，借古喻今，希望中华民族仍有这种不屈不挠的精神，启迪国民振作精神，复兴中华。

▲ 图5-77　《田横五百士》（徐悲鸿）

作为一名正直敏感的艺术家，徐悲鸿时刻心系祖国，将民族气节与艺术叠加，是画品与人品高度统一的艺术巨匠。他的艺术理想及其未完成的志业，在当代仍有非常重大的现实意义。

（资料来源：徐悲鸿文化艺术网 http://www.chinaxubeihong.com/infoxq?article_id=56，有改动）

第六单元

线条的气韵：文字美

本章导读

书法艺术被誉为“无言的诗、无形的舞、无图的画、无声的乐”，其以抽象、灵动的线条带给人们无穷的韵味和丰富的审美情趣。从最早的金石竹刻到千变万化的毛笔字，中国书法逐渐形成了篆书、隶书、草书、楷书、行书五种书体。这五种书体被众多书法家以不同的点画组合、线条变化及笔墨技法展示出各自独特的个性，达到了思想内容与艺术形式的有机统一，并焕发出典型的东方情调。它们既是赏心悦目的艺术形式，也是传承中华优秀传统文化的重要载体，在社会主义文化建设中发挥着独特的作用。

第一节　篆书之美

【美的印象】

如果你去过泰山，一定对其雄奇壮观的石刻艺术印象深刻。泰山石刻历史悠久，从秦朝开始，这里便有了石刻文字的记载，其中最有名的石刻便是公元前219年秦朝丞相李斯手书的石碣《泰山刻石》（又名《封泰山碑》）。

《泰山刻石》是秦代书法艺术的代表作，在中国书法史上占有重要的地位。该刻石用标准的小篆书写（见图6-1），其字体的全部笔画都是粗细相等的线条，体态修长，结构匀称，疏密有度，沉稳朴拙，有一种内敛、含蓄的灵动之美，如仙子临风，仪态万方，别有一番气韵，具有极高的艺术价值和历史价值。

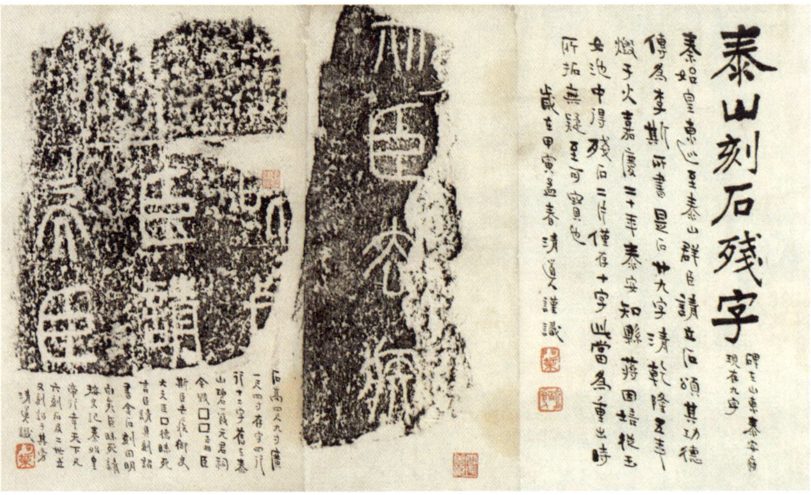

▲ 图6-1 《泰山刻石》残字拓片

【美的视窗】

在书法艺术的长河中，篆书具有开山的地位，也是最古老的文字形式。篆书主要分为大篆和小篆，殷商甲骨文、两周金文、石鼓文合称“大篆”，而小篆是大篆的简体。秦始皇统一六国后，定小篆为正体，并作为标准文字在全国推行。于是，小篆成为中国汉字中第一个被规范化的字体，即我国最早的书体。本节我们介绍的篆书主要指小篆。

源远流长

甲骨文是锲刻在龟甲兽骨上的文字，内容以卜辞和记事刻辞为主，故又叫“契文”“卜辞”“龟甲文字”等。它是已经发现的最早的汉文字。

金文是从甲骨文逐步发展演变而成的，大多镌刻或铸造在青铜器上，具有代表性的作品有毛公鼎铭文、大盂鼎铭文（见图6-2）等。

石鼓文因刻在石鼓上而得名，如图6-3所示。

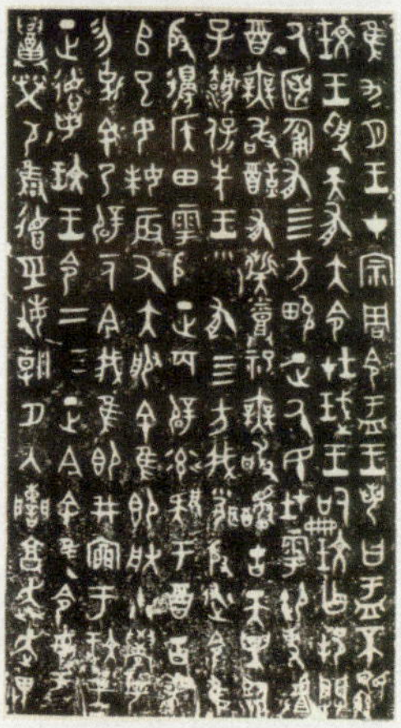

▲ 图6-2　大盂鼎铭文（局部）

▲ 图6-3　石鼓文

作为书法艺术的一种形式，篆书传承了三千多年，其以独特的魅力受到历代书法家和书法爱好者的青睐。下面，让我们从篆书的基本笔画开始，感受中国传统书法艺术的风采与魅力吧！

小篆的笔法

一、篆书的基本笔画

篆书的基本笔画相对其他书体来说比较简单，只有点、直、弧三种。

1．点

单独的点在篆书中很少出现，其往往和其他笔画连在一起，作为其他笔画的一部分（见图6-4），有时也会延长成短横和短竖（见图6-5）。

▲ 图6-4　小篆中的“宜”字、“令”字

▲ 图6-5　小篆中的“抵”字、“黑”字

2．直

篆书中的直包括或长或短的横和竖。横画和竖画的形态一般是两头圆、中间部位粗细一致，如图6-6所示。例如，小篆中的“周”字、“善”字如图6-7所示。

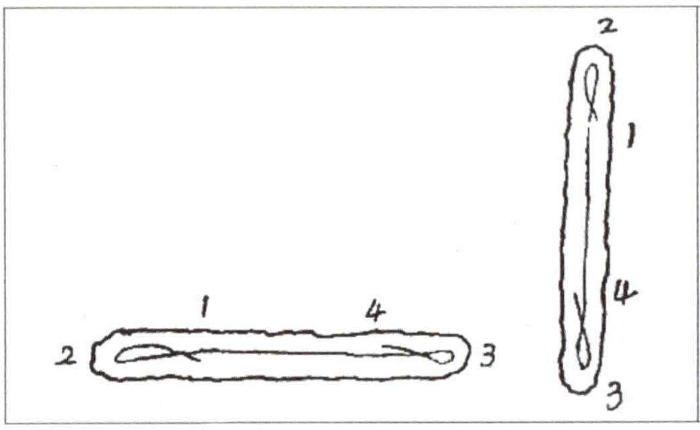

▲ 图6-6　篆书中的横画与竖画

▲ 图6-7　小篆中的“周”字、“善”字

3．弧

篆书中的弧一般分为上弧、下弧、左右外弧、方弧及弯曲弧等。

弧背向上的弧画叫上弧（见图6-8），弧背向下的弧画叫下弧（见图6-9）。例如，“味”字右半部在篆书中的部分笔画便是上弧和下弧，如图6-10所示。

弧背向左和向右的弧画叫左右外弧（见图6-11），它一般讲究两边弧的起讫处要一致。例如，小篆中的“炎”字、“齐”字左右两边的弧画非常对称、自然，如图6-12所示。

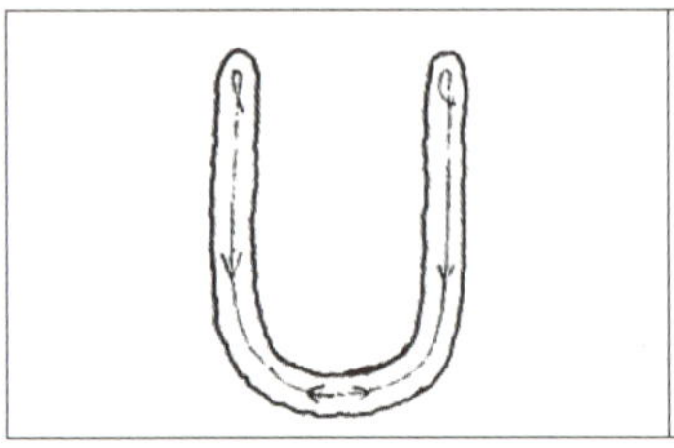

▲ 图6-8　上弧

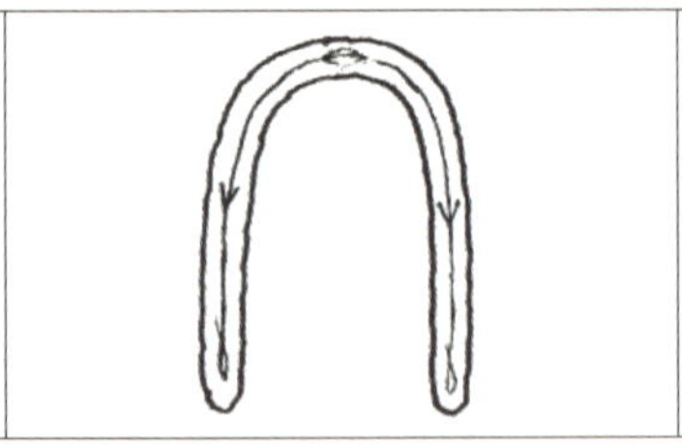

▲ 图6-9　下弧

▲ 图6-10　小篆中的“味”字

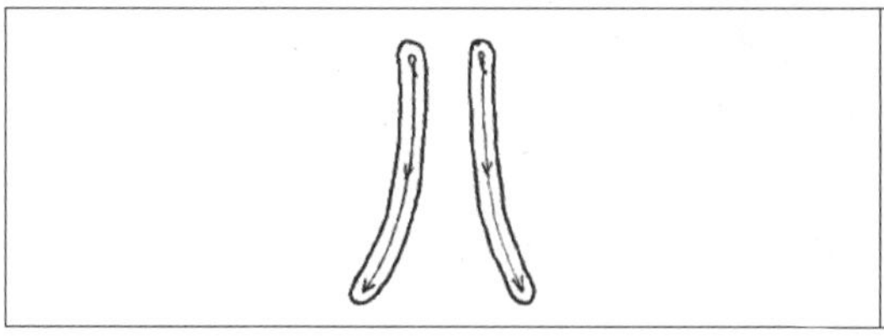

▲ 图6-11　左右外弧

▲ 图6-12　小篆中的“炎”字、“齐”字

弧画呈长方形或正方形的弧叫方弧（见图6-13）。写方弧时要注意圆转行笔，化角为弧，同时弧的四角要对应，接笔处不留痕迹，如图6-14所示。

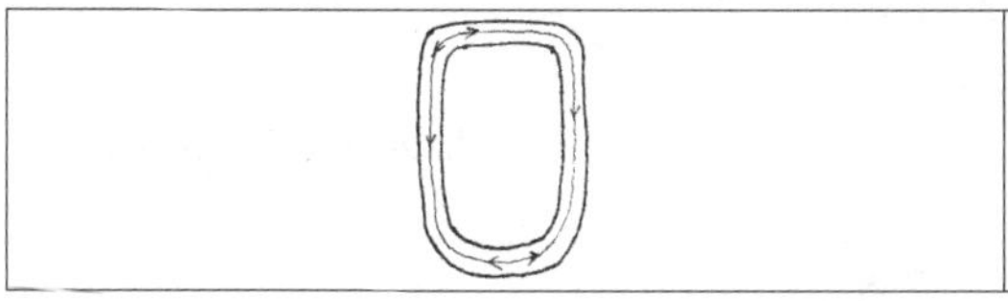

▲ 图6-13　方弧

▲ 图6-14　小篆中的“酉”字、“贝”字

曲画变化比较多的弧叫弯曲弧（见图6-15）。弯曲弧的形状比较复杂，一般视其圆转程度顺势而写，如图6-16所示。

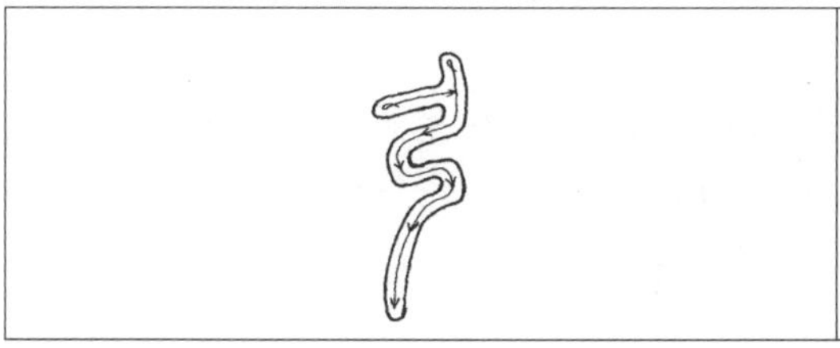

▲ 图6-15　弯曲弧

▲ 图6-16　小篆中的“风”字、“女”字

二、篆书的结构特点

1．字形方长，体正势圆

篆书的形体一般呈长方形，横画平，竖画直，严谨而又工整。其结构和运笔走势以圆为主，尤其方折处，大多是弧形线。例如，“大”字、“园”字的小篆字体外轮廓便呈自然的椭圆形，如图6-17所示。

▲ 图6-17　小篆中的“大”字、“园”字

2．对称中有长短

篆书一般讲究两条弧画左右对称或是两条直画左右对称。但是，如果有多种对称的笔画并且它们呈左右对称时，这些对称的笔画要么延长，要么缩短。例如，小篆中的“行”字和“北”字，左右笔画都是对称的，但这些对称的笔画是有长有短的，如图6-18所示。

小篆的结体和章法

▲ 图6-18　小篆中的“行”字、“北”字

3．均衡中求参差

篆书的笔画布局都是整齐、均衡的，其横画、竖画要等距平行，弧画要疏密均匀。除此之外，篆书的结构还会有参差变化。例如，小篆中的“爱”字、“光”字的基本结构是对称均衡的，但是其右下角的一个笔画在弯曲后加长了，于是就有了参差变化，如图6-19所示。

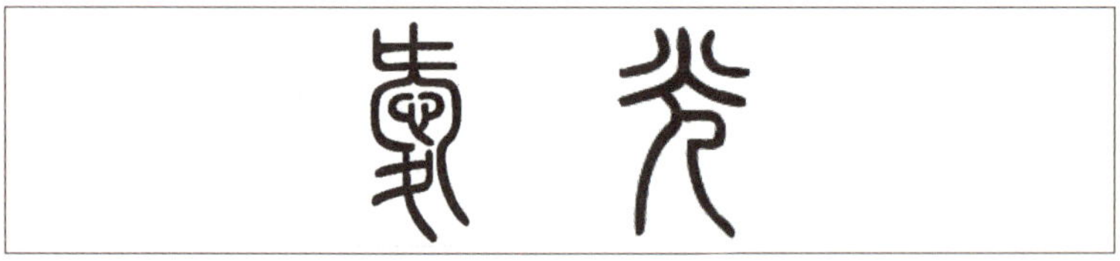

▲ 图6-19　小篆中的“爱”字、“光”字

4．独立处取连贯

篆书的结构中不仅有笔画，也有单体字，其整体上讲究笔画与单体字搭配得当，气脉贯穿。例如，小篆中的“展”字中间有四个“工”字，这四个“工”字的

竖画的位置必须上下、左右相对，从而连贯一致，并且左右两个“工”字中间的空隙又恰好对应下面两个“人”字的交接点，于是上下也有了连贯，如图6-20所示。

5. **体势上互补救**

篆书不仅匀称、连贯，而且在体势上善于布置结体（即间架结构）。其通过变化笔画来加强笔画间相互穿插、互动的联系，让笔画之间有主有次，有收有放，从而使字的形体更加和谐、流畅。例如，小篆中的“月”字、“水”字、“鱼”字在不改变结体的前提下，通过一些带有画意的笔画，不仅使笔画间互相呼应，而且增加了字体的美观度，如图6-21所示。

▲ 图6-20 小篆中的“展”字

▲ 图6-21 小篆中的“月”字、“水”字、“鱼”字

知识拓展

中国书法艺术常用术语

笔法，指写字时的用笔方法。中国书法主要以毛笔绘制线条、以点画为表现形式，其线条、点画富有变化，因此在运笔时还要掌握轻重、快慢、曲直、偏正等方法。

笔锋，指毛笔的尖锋，反映在字上即指字的锋芒。在行笔时，将毛笔主锋保持在点画中线称为“中锋”；将毛笔主锋稍微偏侧称为“侧锋”；用逆入的方法，以反方向行笔称为“逆锋”，如欲下先上、欲右先左的写法。

墨法，指用墨的方法。与国画中的用墨一样，书法中用墨也颇为讲究，主张浓淡相宜，太浓则滞笔锋，太淡则伤神采。

结体，又称“结字”“间架结构”，指每个字的点画之间的搭配组合。书法中将不同形式、不同数量的点画，按照疏密、松紧、开合、聚散等原则进行不同的搭配，可以形成不同结构的字。

章法，又称“布白”，是指在书法创作中，对一幅作品如何进行整体安排，对每一个局部如何进行整体处理的方法。其涉及处理字与字、行与行之间的呼应、照顾关系。

【美的欣赏】

《城隍庙碑》书法入门练习

一、《城隍庙碑》赏析

《城隍庙碑》又名《缙云城隍庙记》，是唐代书法家李阳冰担任缙云县令时，为本县城隍庙祈雨有应而撰刻的，如图6-22所示。该碑刻用细笔、圆笔书写，笔法瘦劲圆转，形神兼备，表现出一种内在的、深沉的、坚韧的爆发力，字体瘦中有硬，伟劲飞动，如“隍”字、“庙”字。在这一点上，李阳冰拓宽了细笔、圆笔的表现力，可以说是对唐代以前篆书书体的极大完善。

在线条的勾画上，李阳冰打破了秦朝石刻整齐、匀称的方块型排列结构，用流动、飘逸的线条和方圆并举、参差错落的不规则“构图”，让篆书有了丰富的变化，甚至具有了些许草书的韵味，使篆书不仅仅停留在象形阶段，而是可以言志、抒情了，从而带给人们一种只可意会、不可言传的艺术意境。

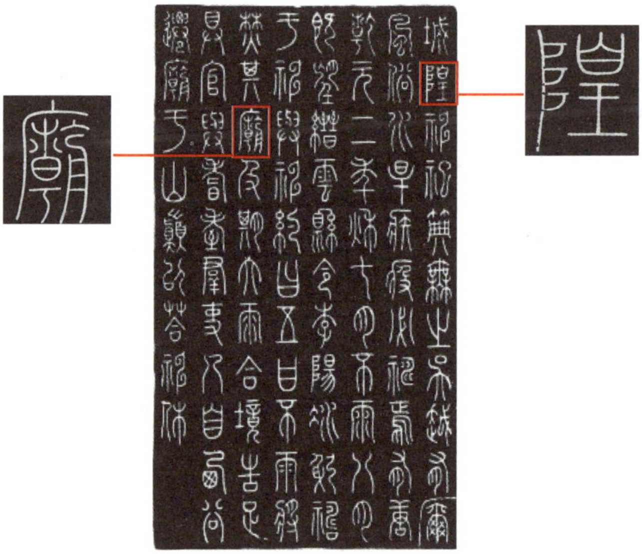

▲ 图6-22　《城隍庙碑》

二、《白氏草堂记》赏析

《白氏草堂记》（见图6-23）是清代著名书法家邓石如的篆书作品。在这幅作品中，邓石如以隶法作篆，突破了千年来玉箸篆的樊篱，富有创造性地将隶书笔法糅合其中，大胆地用长锋软毫，提按起伏，大大丰富了篆书的用笔。因此作品中既洋溢着浓浓的古风，又呈现出新意；既老成持重，又清秀洒脱。

作品中字体微方，线条圆涩厚重，遒劲坚挺，笔意醇厚。竖线条以曲笔居多，且弯曲的角度、大小并不相同。行笔的转折处或顺笔借势而入，或逆笔反转迂回，使得字体显得灵动而富于动感。此外，作品中的每个字的笔画边缘处或细如绒毛，或粗如锯齿，透露出了很浓的刀法趣味。

▲ 图6-23 《白氏草堂记》（局部）

【美的体验】

图6-24是李阳冰《城隍庙碑》的字帖，请同学们从中选择自己喜欢的两个字尝试临摹，感受一下篆书的特点和魅力。

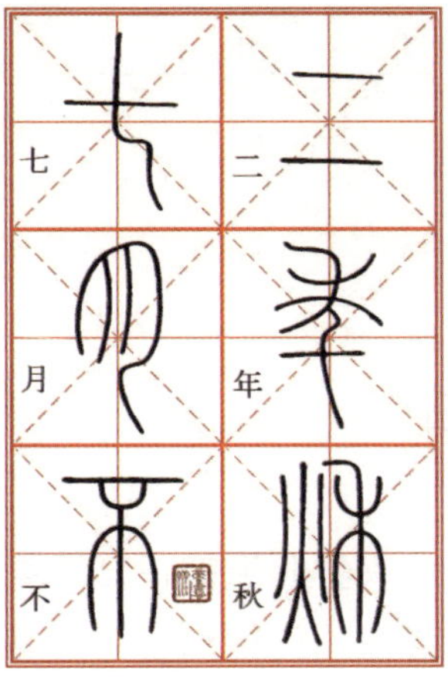

▲ 图6-24 《城隍庙碑》字帖

第二节　隶书之美

【美的印象】

隶书是一种非常灵动且古老的字体。相传其原本流行于秦朝民间，由于书写便利而被当时的隶人（劳役）和地位低微的吏役普遍使用，所以被称为“隶书”。

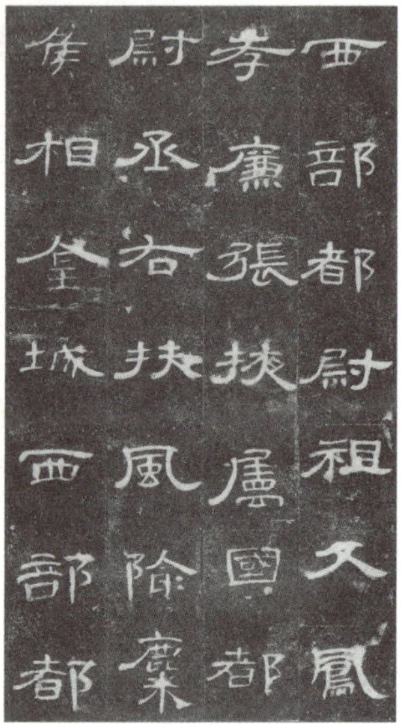

▲ 图6-25　《曹全碑》（局部）

汉代是隶书发展的高峰期，说起汉隶，不少人第一个想到的就是《曹全碑》（见图6-25）。《曹全碑》是隶书具有代表性的作品，碑中的字体非常自由、奔放，线条悠扬流动、连篇飞扬，如同汉代建筑中的飞檐，带给人们一种生动、活泼的律动美感。《曹全碑》作品风格秀逸多姿，同时也雅静端庄，体现了创作者于动荡中求稳定，于自由中见奔放的艺术匠心和创作思想。这种秀美风格的独特个性与内涵，也让《曹全碑》有了“回眸一笑百媚生”之态，为历代书法家所推崇。

《曹全碑》书法入门练习

【美的视窗】

一、隶书的基本笔画

隶书的笔画是由篆书的笔画演变而来的，它将篆书中的弧画进行了拉直或者缩短，并打破了篆书对称的字体结构，还增加了撇、捺、折、钩、提笔画。定型后的隶书一共有八种基本笔画，即竖、横、点、撇、捺、折、钩、提，如图6-26所示。

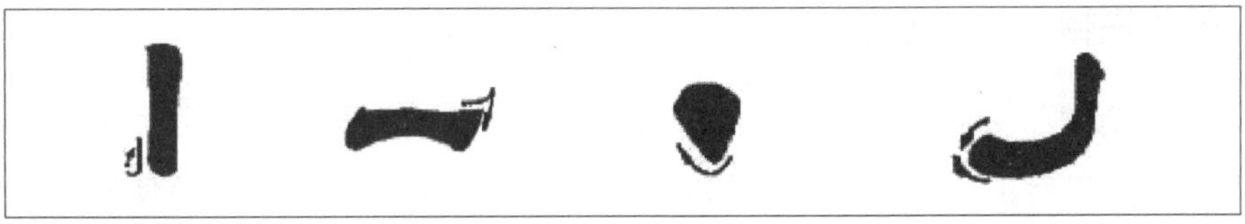

竖　横　点　撇

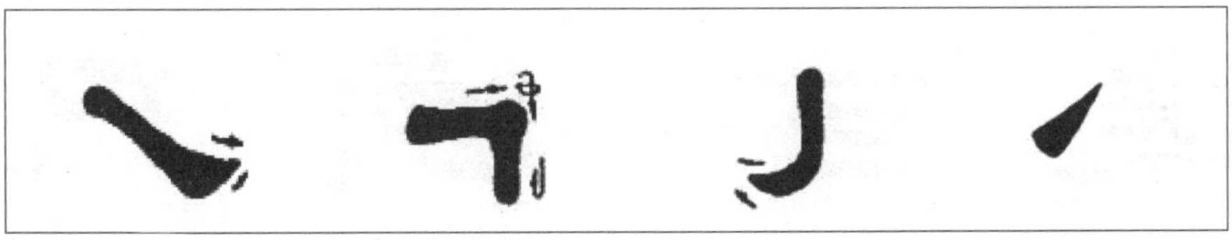

捺　折　钩　提

▲ 图6-26　隶书的八种基本笔画

二、隶书的结构特点

1．字形方扁，左右舒展

隶书变篆书的纵势为横势，字形由修长变为方扁，上下收紧，左右舒展，笔画也从纵向的笔势向横向伸展，如图6-27所示。

2．起笔蚕头，收笔雁尾

隶书的横画在起笔时，先用力向左，再转笔往右，将笔画外形写成一种近似蚕头的形状。接着笔稍微提起，用笔的中锋向右运笔。最后收笔时，笔锋下按，再慢慢提起，向右上方挑出，使收笔处的形状像大雁的尾巴，如图6-28所示。

▲ 图6-27　篆书中的“朱”字与隶书中的“朱”字

▲ 图6-28　隶书中的“乞”字、“家”字

3．有折无转，点画分明

隶书去掉了篆书的弧画，衍生出了更多的笔画。它将篆书中大量的圆笔转折变为直线转折，因此其起止转折处便出现了许多棱角，如隶书中“迷”字、“百”字的笔画转折（见图6-29）。另外，点画在隶书中完全独立出来，并且种类日益丰富，有平点、竖点等。

4．强化提顿，粗细兼备

汉隶为了美观，将撇、捺等笔画有意向上挑起，强调提、顿的动作（如隶书中“衣”字、“只”字的提顿，见图6-30），形成抑扬顿挫的变化，从而使其艺术欣赏的价值大大提高，造型风格也趋于多样化。

▲ 图6-29　隶书中的“迷”字、“百”字

▲ 图6-30　隶书中的“衣”字、“只”字

三、隶书的审美特色

1．方劲古拙

隶书的笔画变化多端，粗细不一，重的笔画饱满，轻的笔画秀气，因此其字体具有强烈的力量感和节奏感，呈现出方劲有力的效果。另外，隶书虽然是抽象的表意文字，但它是从篆书蜕变而来的，保留了许多篆书的特点，“嫡传”了象形文字的古意，因此还有一种质朴、古老的神秘气息。

2．有实有虚

隶书的书写不像行书、草书那样动作明显，其书写时的提、按、顿、挫等动作，以及干、湿、浓、淡、枯、涨笔墨变化都不够直观，但是其字体的笔画和结构却非常坚实。也就是说，欣赏隶书作品时，几乎感觉不到它直观的书写动作，但能感觉到无处不在的书写奥妙，这是隶书在书写方面有“虚”也有“实”的表现。

同时，隶书的“虚”和“实”还体现在它的笔画上。篆书的笔画局限性很大，这是因为有些实体事物和抽象事物是无法具象地画出来的，而隶书的笔画则相对抽象，在结构上更加坚实，也更能准确、真实地反映人们抽象的思想。从这一点来说，隶书的笔画是“实”的。而这种抽象笔画的“实”，也反映出隶书的精神内涵和独特的审美意象，即中国哲学的核心审美——虚实相生。

【美的欣赏】

一、《乙瑛碑》赏析

《乙瑛碑》（见图6-31）是汉代隶书成熟时期的典型作品，它的全称是《汉鲁相乙瑛请置孔庙百石卒史碑》，现存于山东曲阜孔庙。在字体风格上，《乙瑛碑》除了具有隶书方圆并举、苍峻朴实而不失潇洒俊逸的共性特点之外，其字形还极力向左侧舒张，而字的重心偏右，这一典型特征使得《乙瑛碑》极具动势之美。在章法上，《乙瑛碑》的字势俯仰有致，字的大小、长短也参差错落，向背分明。尤其后半段采取了笔杆倒向左侧的逆向行笔，每一点画都入木三分，尤为高妙。在用笔上，《乙瑛碑》藏起笔锋，用中锋运笔，且每一笔都写得沉雄劲挺。在线条上，《乙瑛碑》中横、撇、捺等笔画骨肉匀适，流畅而富有变化，整体气息呈现出雍容巧丽、秀美超逸的艺术特色。

▲ 图6-31　《乙瑛碑》（局部）

《乙瑛碑》书法入门练习

二、《张迁碑》赏析

《张迁碑》（见图6-32）的全称是《汉故穀（gǔ）城长荡阴令张君表颂》，也叫《张迁表颂》，其以格调稳重、浑厚、朴质著称于世。在运笔上，《张迁碑》以方笔为主，逆锋坚实，万毫齐力，方圆兼备，沉着饱满。横画两端都见方，粗重浑厚，竖画的起笔处方厚饱满，再调笔锋向下，使用竖锋运笔，收笔时或轻或重顿后，提笔向上回收笔锋，如“中”字。撇画的力量强劲，圆转道健，笔力畅达。

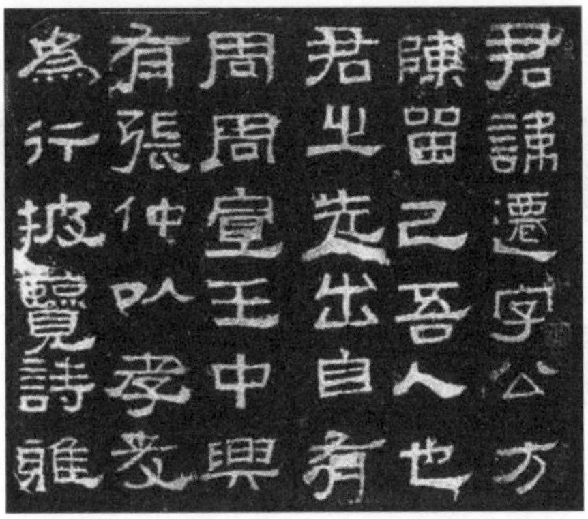

▲ 图6-32　《张迁碑》（局部）

在章法上，《张迁碑》不拘一格，生动活泼。汉代碑刻多有边框方格，字形大小一致，给人一种中规中矩的感觉，而《张迁碑》却独树一帜，通篇的字间和行间都无严格的固定距离，疏密适当。同时，字体大小参差，正斜互用，但又相互呼应。整体来看，《张迁碑》字里行间流露出率真之意，妙趣横生，神采奕然，颇有“大巧若拙”的风范。

【美的体验】

“汉隶”是汉代隶书的统称，汉隶的碑刻生动多样，在中国书法史上有着重要的地位；“唐隶”是唐代隶书的统称，“唐隶”没有沿袭汉隶的标准写法，而是用楷书的方法写隶书，其在艺术成就上远不及汉隶。下面两张图中，图6-33是汉隶作品《史晨碑》，图6-34是一幅唐隶作品，请同学们欣赏并比较它们的异同。

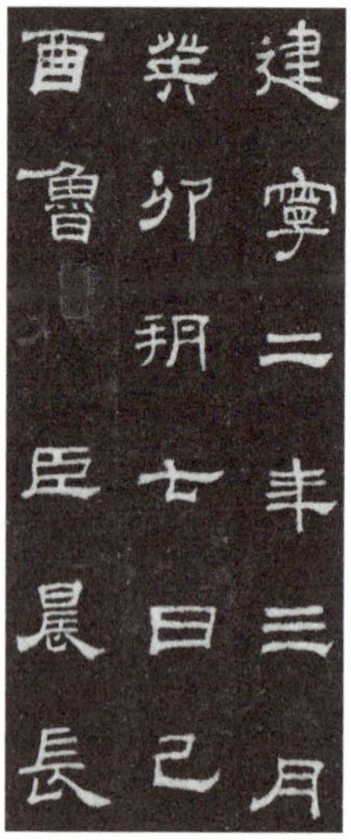

▲ 图6-33　汉隶作品

▲ 图6-34　唐隶作品

第三节　草书之美

【美的印象】

《沁园春·雪》是毛泽东在1936年创作的一首词，我们在读这首词的时候，往往被词中豪情万丈的气魄所震撼，殊不知，作者还把诗词的意境通过草书的形式表达了出来，如图6-35所示。草书是一种为了书写方便，对隶书进行简化从而演变出来的字体，其打破了隶书规矩、严谨的形态，运笔速度加快，使笔画连绵回绕，甚至狂放多变。

毛泽东的书法作品多以草书的面貌呈现于世，他的草书结体简穆、运笔雅淡，同时又俏俊飘逸、张弛有度，可以说融合了革命家的磅礴气势与诗人的浪漫情怀，呈现出了独特的艺术风格和浑然一体的诗词意境，让人回味无穷。欣赏他的草书作品时，我们的视线像是受到了牵引，随着作品中的线条时紧时密，我们的思维也时快时慢，最终不由自主地沉浸在他营造的“伟人气场”中。

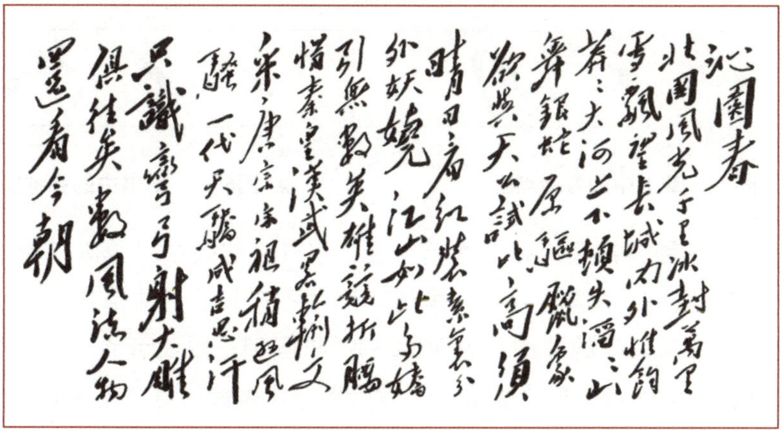

▲ 图6-35　毛泽东草书作品《沁园春·雪》

知识拓展

草书分为章草、今草和狂草。章草是隶书的快捷写法，还保留着隶书的笔画形迹，但不再有隶书的规矩和严谨；今草是章草在书写时更加快速运笔，笔画连绵回绕形成的字体形态；狂草是草书中最随意的一种形式，它的笔画最为狂放，可以自由地增减，字形多变，书写时一气呵成。

【美的视窗】

一、草书的基本笔画

草书就得这么写，
不急不躁慢慢来

草书的书写虽然独特，但它仍保留了基本笔画，并在基本笔画的基础上衍生出了更多新的笔画。另外，草书还运用连笔和借代的方法，简化了一些笔画和偏旁部首，从而使其自身的笔画形式更加纵横奔放。概括来说，草书的基本笔画共有九种，分别是点、横、竖、撇、捺、方折、圆转、提、钩。

在草书中，点画的形体特征、方向变化比较丰富，并且出现了两点、三点连笔书写的形式（见图6-36）；横画有长横、短横和连笔横，除了表示“横”以外，它通常还是“心字底儿”和“四点底儿”的简写符号（见图6-37）。

▲ 图6-36　草书中的各种点画

▲ 图6-37　草书中的各种横画

竖画有中锋竖和偏锋竖，除了表示“竖”以外，它还是“单人”旁、“双人”旁、“言字”旁等部首的简写符号；撇画的形体不像其他书体那样规范，而是较为多变，末端有的藏锋，有的露锋（见图6-38）；捺画则是以长点的形态出现的；方折画的形式多样，有横折、竖折、横折撇、撇折横和连续转折等（见图6-39）。

▲ 图6-38　草书中的各种撇画

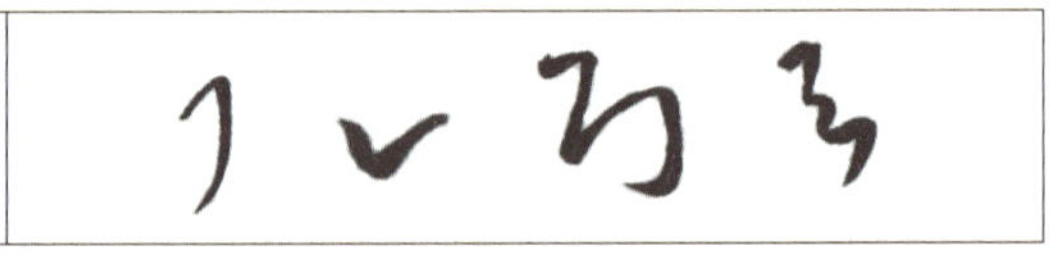

▲ 图6-39　草书中的各种方折画

圆转画的用笔最为随意，是草书最重要、应用最多、变化最丰富、最能体现美感的笔画（见图6-40）；提画分为长提和短提（见图6-41），书写时提画一般还与其前后的笔画进行连笔；钩画有横钩、竖钩、戈钩、背抛钩等，其处理形状多种多样，并且有时和其他笔画上下、左右相连。

▲ 图6-40　草书中的两种圆转画

▲ 图6-41　草书中的两种提画

二、草书的结构特点

1．删繁就简，圆转连绵

与其他书体中众多的相互独立的笔画相比，草书的笔画更为简练和省略。它的一画可以代替多个点，一笔可以写成一个甚至多个字，这样就可以使多个字连在一起，从而行笔流畅。同时，连写也让草书的笔法非常强调“曲”和“转”，线条多为圆弧形，因此写下来就圈圈相套，一气呵成，形态变化极为强烈。

2．动态平衡，呼应顾盼

草书的结构并不像其他书体那样强调四平八稳，而是取决于书写者内心情绪的变化。在书写时，草书不讲究对称，而是让字的某一部分欹侧（qī cè，即倾斜），同时对另一部分进行处理，使整体上达到一种新的平衡，以增加字体的动态感。在对字的另一部分进行处理时，草书的笔势往往前后承接，以达到字体两部分的和谐统一、“和平共处”，如图6-42所示。

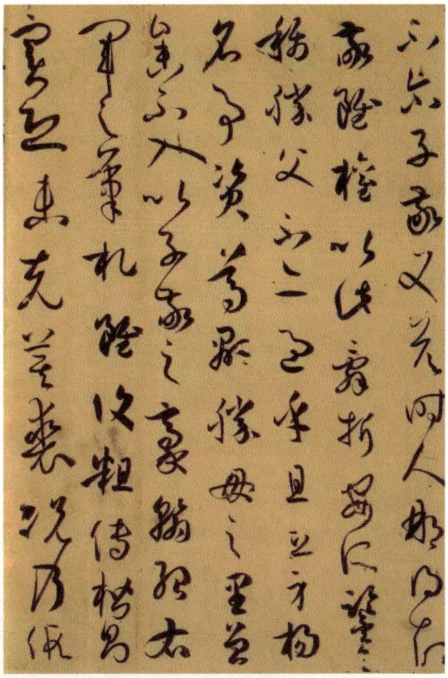

▲ 图6-42　孙过庭狂草作品《书谱》

3．参差错落，有疏有密

因为草书追求动态的平衡，所以其线条在一放一敛中呈现出参差错落、奇趣横生的形态特点。而线条之外的空间更是有疏有密。草书中的字体空间先被参差错落的线条分隔得有大有小、有开有合，然后又被草书中多变的书写风格和书写情绪营造成了具有强烈韵律感的空间。

4．变化多姿，张弛有度

草书非常讲究笔画的变化，同一笔可能同时会有轻重、长短、曲折、俯仰的变化，同一偏旁、部首重复时，笔画也各具姿态，因此草书往往体现出翻腾飞动、盘曲环绕的形态特征。但其在强调变化的同时，也会张弛有度。例如，草书中的钩挑和出锋的笔画主要强调力度感，但并不是钩出得越长效果就越好，有钩而未钩出会带有一种“蓄势待发”的效果，如“针”字最后一竖画和“紫”字中的钩画（见图6-43）。

▲ 图6-43　草书中的“针”字、“紫”字

【美的欣赏】

一、《肚痛帖》赏析

《肚痛帖》（见图6-44）是唐代书法家张旭的代表作，全帖共六行，30个字，帖中的内容是：“忽肚痛不可堪，不知是冷热所致，欲服大黄汤，冷热俱有益。如何为计，非临床。”

这幅作品的写作过程非常有意思，似是张旭在肚痛的瞬间慌忙写下的。开头的三个字，写得还比较规正，字与字之间并不相连，但从第四个字开始，便每行一笔到底，上下映带，缠绵相连，越写越快，越写越狂，越写越奇，颠味十足。正因为张旭有那样的瞬间感觉，所以表现在纸上的笔迹才充满了紧迫性，也呈现了变幻莫测、意想不到的态势。张旭在奋笔疾书中，做到了内容与形式的完美结合，让作品极具画面感和幽默感，也将草书的情境表现力发挥到了极致。

▲ 图6-44　《肚痛帖》

二、《自叙帖》赏析

《自叙帖》（见图6-45）被称为“中华第一草书”，是唐代书法家怀素晚年的代表作品，其内容主要是怀素写草书的经历、经验的自述，以及当时士大夫们对他书法作品的评价。《自叙帖》通篇为狂草，怀素的笔法瘦劲，他用细笔劲毫写大字，大量使用中锋，因此笔画遒劲秀健，力量感极强，且全帖强调连绵不断的笔势，点画互相呼应，运笔上下翻转，忽左忽右，其中有疾有缓，有轻有重，如同节奏强烈的旋律，极富动感。在布局上也是大小错落相间，左右参差，字里行间大幅度摆动，给人以惊心动魄之感，是不可多得的佳作。

《自叙帖》欣赏

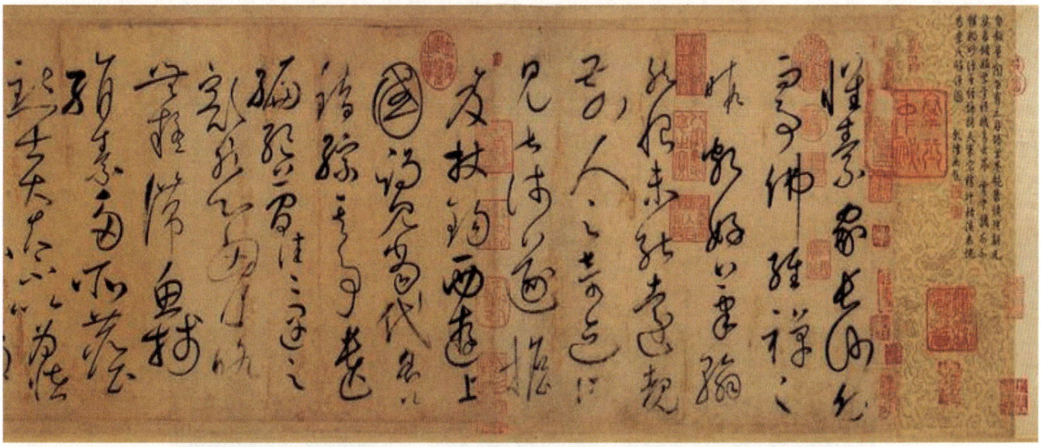

▲ 图6-45　《自叙帖》（局部）

【美的体验】

古往今来，因写草书而出名的书法家数不胜数，有关草书的趣闻轶事也非常丰富。请同学们收集一些关于草书的成语、故事或者自己最喜欢的草书作品，然后进行创意构思和创作，最后班级组织一次学习成果展示会。

提示：展示的形式不限，可以介绍名家作品或名家故事，也可以展示临摹的名家作品，还可以展示自己创作的书法作品等。

第四节　楷书之美

【美的印象】

楷书起源于魏晋时期，唐朝是楷书的巅峰时期。千百年来，唐诗以外放、奔涌的情感成为诗词艺术的完美典范，而与唐诗相比，同时期的唐楷（见图6-46）却以静态整齐为美。它集魏晋南北朝楷法为一体，形成了字体法度森严，严谨端正而又秀美清新的风貌，犹如出水芙蓉一般，折射出唐代美学对情景交融式的“境”和“神”思想的追求。

唐代涌现出了许多书法大家，如我们熟知的欧阳询、颜真卿、柳公权，他们的楷书分别被称为“欧体”“颜体”“柳体”，展示出了唐代书法温妍玉润又不失遒劲之力的“庙堂气象”。当我们吟唐诗时，精神得到了振奋，临唐楷时，心灵得到了净化；以唐楷风骨书写唐诗佳句，更是心旷神怡，与古人神会。

▲ 图6-46　唐楷

【美的视窗】

一、楷书的基本笔画

楷书延续了隶书的8种基本笔画（横、竖、撇、捺、点、钩、折、提），如图6-47所示。但与隶书相比，楷书的笔画更加平正，其横笔不再作蚕头雁尾状，并且取消波磔（bō zhé，形容隶书水平线条的飞扬律动，以及尾端笔势扬起出锋的美学），发展钩点，从而让笔画变得更加简便、实用。

横　竖　撇　捺

点　钩　折　提

▲ 图6-47　楷书的八种基本笔画

知识拓展

楷书的所有笔画，都可以概括在“永”字之中。“永”字八法是以“永”字的八笔顺序为例来讲述楷书用笔的方法。在“永”字八法中，点为侧、横为勒、竖为弩、钩为趯（tì，同“跃”，为跳跃之意）、提为策、长撇为掠、短撇为啄、捺为磔，如图6-48所示。

具体含义是：① 点为侧，意思是说点画在行笔时要如鸟翻然侧下，或如高峰坠石忽然崩落，侧锋峻落，铺毫行笔，势足收锋；② 横为勒，意思是说横画的用笔要如勒马用的缰绳，隐隐发力，要以逆锋落纸，缓去急回，不可顺锋平过；③ 竖为弩，意思是说竖画行笔时不宜过直，太直则木僵无力，要如弓弩那般，在直中见曲势；④ 钩为趯，意思是说钩画在行笔时要驻锋提笔，先按顿蓄势，后突然跃起，使力集于笔尖；⑤ 提为策，意思是说提画要如策马用鞭一样，起笔时向下按笔转锋，然后轻提向右上方挑出，在笔画末端使力；⑥ 长撇为掠，意思是说长撇画起笔时要如篦之掠发，状似燕掠檐下，逆锋入笔，轻按转锋，然后轻提向左下角撇出，至笔画末端抽锋收笔；⑦ 短撇为啄，意思是说短撇画在落笔时要如鸟啄物，快而锐利；⑧ 捺为磔（这里指笔锋开张），意思是说捺画在行笔时要逆锋轻落，折锋铺毫缓行，沉着有力地收锋，不可在捺画的末端留下虚尖。

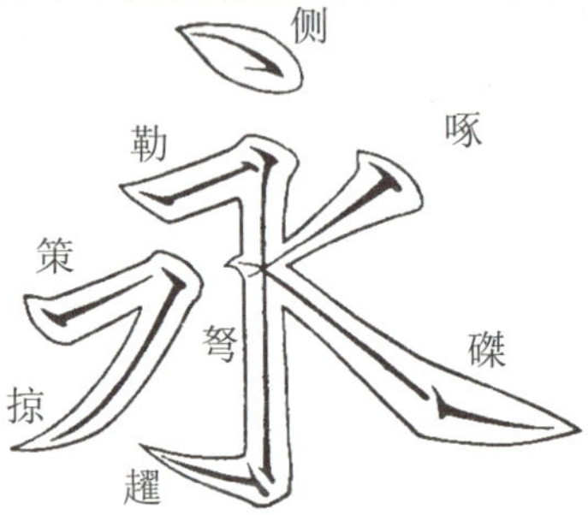

“永”字八法

▲ 图6-48 “永”字八法示意图

二、楷书的结构特点

1. 疏密得当，穿插停匀

楷书的笔画具有合适的长度和粗细，结体紧凑而适中。一般来说，楷书的字体会呈现出上紧下松（如“学”字）、内紧外松（如“泉”字）、左紧右松（如“载”字）的特点，如图6-49所示。同时，楷书通过对笔画的巧妙穿插，使得笔画之间留白均匀，有透气的空隙，如图6-50所示。

▲ 图6-49 楷书中的“学”字、“泉”字、“载”字

▲ 图6-50 楷书中的“真”字、“万”字、“华”字

2. 主次分明，重心平稳

楷书中字的笔画和结构具有主、次之分，某些笔画、部首通常要让位于那些对

字体有关键作用或重要意义的笔画。例如，“陈”字的耳朵旁让位于右边对字的本义有重要意义的“东”；“文”字的点画和横画让位于对字体结构起关键作用的撇画和捺画；“通”是形声字，“甬”为它的声旁，因此“通”字的“走之底”让位于对字音有关键作用的“甬”，如图6-51所示。

此外，楷书中的一些字还会有一个或两个起支撑作用的“主笔”，这对字的姿势起着决定作用，如“色”字下方的竖弯钩画、“千”字的横画、“牙”字的竖钩画，如图6-52所示。无论这些字的笔画多少，其都是依靠“主笔”这个关键部位来平衡重心，从而达到方正均衡、四平八稳。

▲ 图6-51　楷书中的“陈”字、“文”字、“通”字

▲ 图6-52　楷书中的“色”字、“千”字、“牙”字

3．向背适宜，自然和谐

汉字中左右结构的字具有相向或相背的特点，所以楷书对于相向的结构就避实就虚，让字的各部分融洽组合、紧凑协调，如“我”字；对于相背的结构就让其点画呼应，不互相脱离，如“兆”字、“非”字，如图6-53所示。另外，楷书根据汉字的形态和立意，遵循“大不缩小、小不放大、高不压矮、矮不拔高、斜不摆正、正不歪斜”的原则来结字布势，整体上大小均匀、整齐工整，呈现出自然、和谐、统一的字体形态特点。

▲ 图6-53　楷书中的“我”字、“兆”字、“非”字

【美的欣赏】

一、《皇甫诞碑》赏析

《皇甫诞碑》（见图6-54）也称《皇甫君碑》，是欧阳询年轻时的作品，也是其代表作之一。欧阳询的字因结构险绝瘦峻、法度严谨而在楷书中首屈一指。此碑

虽然是他早年的作品，但已具备了“欧体”的基本特点。碑中的字体用笔以方为主，紧密内敛，刚劲不挠。行笔稳畅自如，笔笔不做率意处理，谨守楷法，于平险之中追求婉丽之态。结构上多用修长的态势，内紧外松。章法上字距和行距都拉得比较大，给人以淡雅、清新之感。因此，碑中的一笔一画都成为后世临习的典范。清代书法家翁方纲称赞此碑“是碑由隶成楷，因险绝而恰得方正，乃率更行笔最见神采，未遽（jù）藏锋，是学唐楷第一必由之路也。”

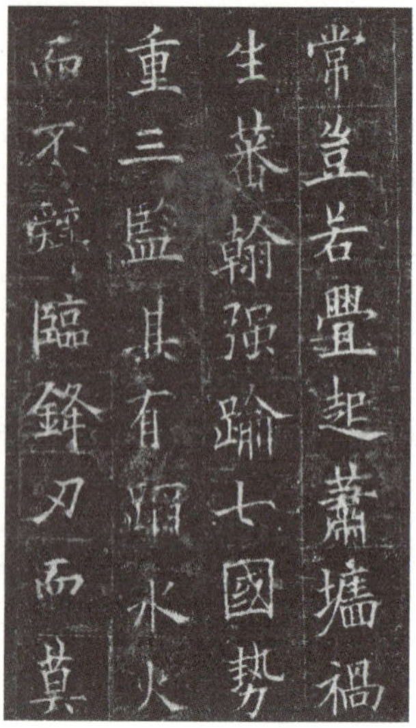

▲ 图6-54 《皇甫诞碑》（局部）

二、《颜勤礼碑》赏析

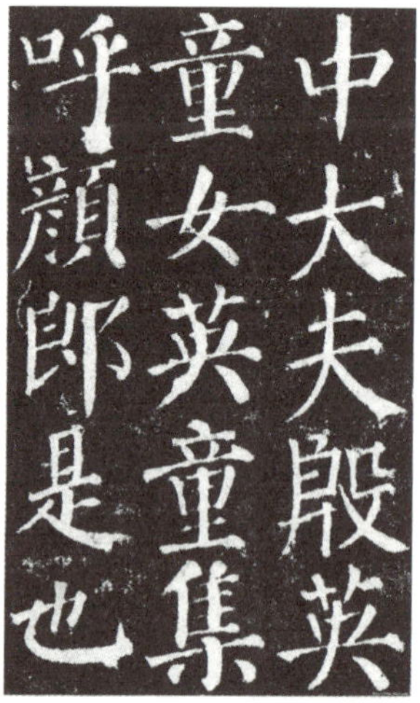

▲ 图6-55 《颜勤礼碑》（局部）

《颜勤礼碑》（见图6-55）是颜真卿书法成熟时期的代表作之一，此碑已完全将初唐时期楷书的体态淡化，用笔不再瘦硬，而是宽润疏朗、气势雄强。碑中字体结构端庄，骨架开阔。笔法横细竖粗，方圆转折清晰。竖画取“相向”之势，捺画厚重且雁尾分叉，钩画如鸟嘴，快而刚劲，点画间的气势连贯而浑厚，且同样的点画有不同的变化，生动多姿的同时节奏感强烈。章法上外紧内松，行距、字距较窄，使得字体的视觉冲击力强烈，气势逼人，将大唐盛世的风采和气象展现得淋漓尽致。

《颜勤礼碑》
书法入门练习

三、《玄秘塔碑》赏析

《玄秘塔碑》（见图6-56）为柳公权64岁时所作，是最能体现“柳体”特点的作品之一。柳公权的楷书横竖大致均匀，笔画瘦硬。从整体上看，碑中字体瘦不露骨，沉着挺拔，气度雍容，神气清爽。结体方而略长，呈左欹之势，精严紧敛，端庄俊丽，集“欧

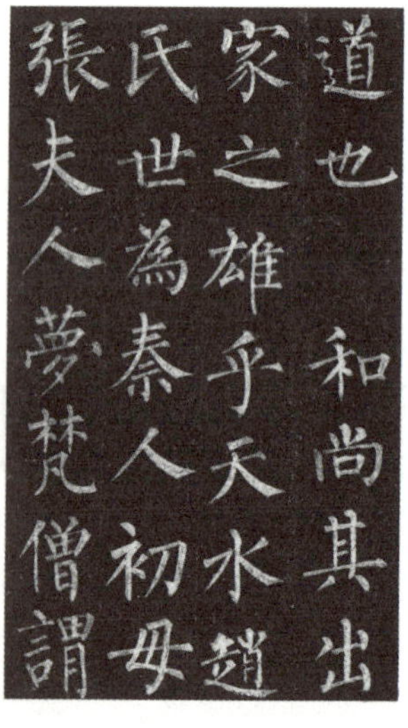

▲ 图6-56 《玄秘塔碑》（局部）

体”之方与“颜体”之圆，顿挫有力，撇画锐利，捺笔粗重，细微之中极富变化。清代书法家王澍认为“《元（玄）秘塔》故是诚悬极矜练之作”。因此，此碑流传极广，同样也成为后人学楷书的入门范本。

▲ 图6-57 《颜勤礼碑》字帖

【美的体验】

图6-57是《颜勤礼碑》字帖，请同学们从中选择自己喜欢的字进行临摹，感受一下楷书的特点和魅力。

第五节 行书之美

【美的印象】

《兰亭序》（见图6-58）是东晋书法家王羲之的得意之作，被誉为“天下第一行书”。此帖记叙了兰亭周围的山水之美和人们聚会时的欢乐之情，是王羲之与好友在暮春时节“天朗气清，惠风和畅，少长咸集”的情形下，乘兴写下的。正因为是无意作书，所以此帖写得尤为自由飘逸，神采飞动，笔势雄奇，姿态横生。整帖无论是书写的内容、艺术手法还是表现出的人文思想都极具魅力，对后世影响深远。

《兰亭序》欣赏

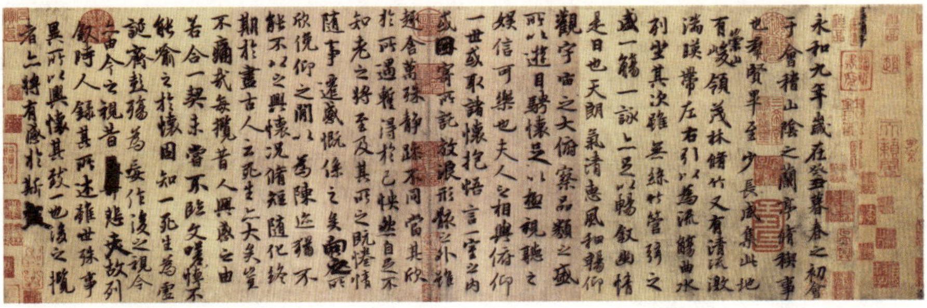

▲ 图6-58 《兰亭序》（摹本）

【美的视窗】

行书是书法艺术中一种独特的书体。其大约产生于东汉末年，是介于草书和楷书之间的一种书体，可以说是草书的楷化或楷书的草化。与草书、楷书相比，行书兼备两者之长，凭借着灵活自如、易于辨认的形体结构和气韵秀逸、情神和畅的气质而呈现出独特的情趣和审美价值。

一、行书的基本笔画

行书的笔画与楷书的笔画相同（即横、竖、撇、捺、点、钩、折、提，见图6-59至图6-66），但它在楷书的基础上加快了运笔的速度，加强了笔画间的连带，因此还多了连接笔画，如图6-67所示。

▲ 图6-59　行书中的各种横画

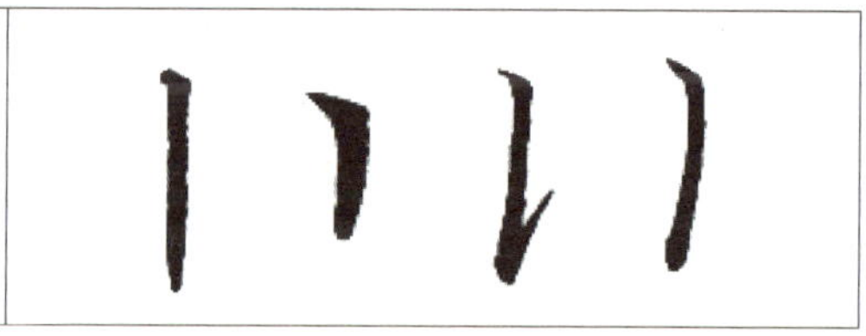

▲ 图6-60　行书中的各种竖画

▲ 图6-61　行书中的各种撇画

▲ 图6-62　行书中的各种捺画

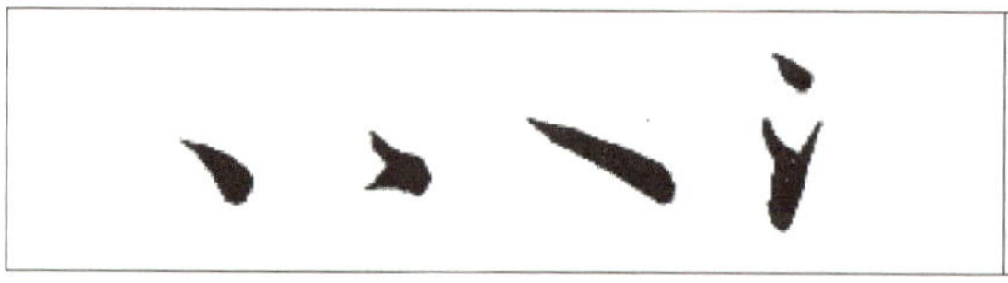

▲ 图6-63　行书中的各种点画

▲ 图6-64　行书中的各种钩画

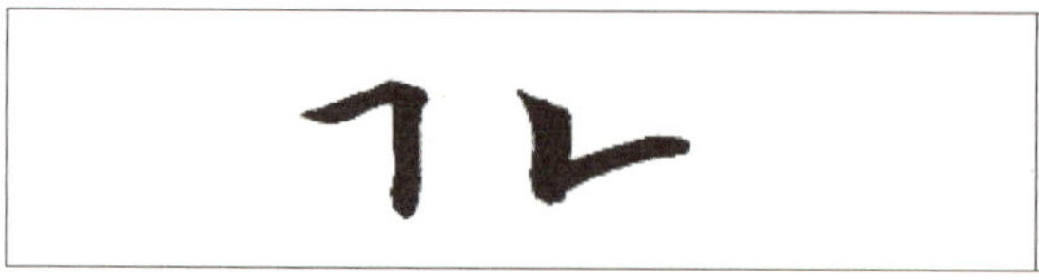

▲ 图6-65　行书中的折画

▲ 图6-66　行书中的提画

▲ 图6-67　行书中的连接画

二、行书的结构特点

1．动静结合，收放自如

行书同时吸收了楷书静穆和草书流动的特点，运笔讲究轻松、快捷，线条追求流畅和动感。它通过连接笔画间的游丝映带（即连接画），组成结构上不可或缺的部分，从而使点画上下联结，结构茂密充实，产生行云流水般的神韵。随着点画变化，行书有些字形可纵可横，可伸可缩，可大可小，变化丰富，灵活多样，结体也变得参差错落、虚实相生、主次分明。

2．欹正统一，有开有合

行书打破了楷书笔画的横平竖直和有折有顿，在欹侧中求平衡。例如，有些行书字体或平或倾，或斜或正，或险或稳，单看会觉得重心不稳，但上下左右联系起来看却有着整体的平衡，如《黄州寒食诗帖》中的“欲”字（见图6-68）。欹正统一也是行书结构区别于楷书的一个重要特点。

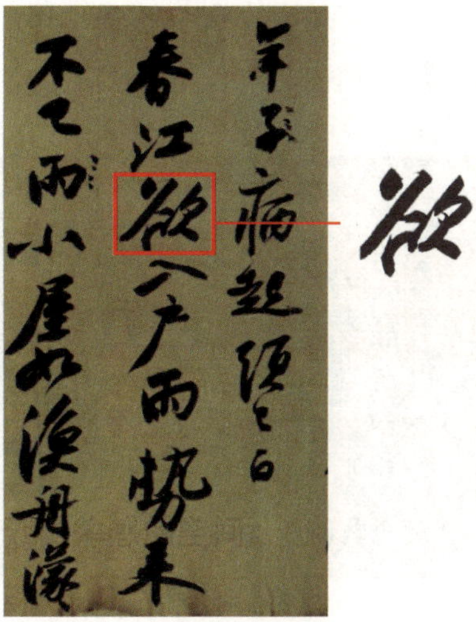

▲ 图6-68　《黄州寒食诗帖》中的“欲”字

有开有合是指行书讲究取势生动，为了追求结体上的变化及整幅作品的生动活泼，常把左右结构的字写得有开有合，收放和谐（或上收下放，或左收右放），从而使结构在对立统一中体现出多样的变化。例如，《兰亭序》中的“得”字（见图6-69），下开上合，相互支撑，稳如泰山。

▲ 图6-69　《兰亭序》中的“得”字

3．同中求异，异中见趣

同中求异、异中见趣是指行书在书写时，通过用笔、笔势、结体、整体的形态变化使一些笔画重复或相同的字达到“数画并施，其形各异，众点齐列，为体互乖”的情趣。例如，王羲之的《兰亭序》全文中有20个“之”字，这20个“之”字个个不同，笔笔有变。另外，行书中每字的点画忌平行、忌雷同，笔法笔势讲究灵活多变，同时为了更好地调整重心平稳，有时可改变某一笔画或偏旁的位置，使其在绝险中求平稳，妙趣顿生。

【美的欣赏】

一、《祭侄文稿》赏析

《祭侄文稿》（见图6-70）是颜真卿追祭从侄颜季明而作的草稿，全帖充满了正义之气，尽显雄浑刚健的神韵。该帖为颜真卿在极度悲愤的情绪下所书，故文字随作者的情绪起伏，看起来气势磅礴，苍劲流畅，将作者义愤填膺之情表达得淋漓尽致，同时自然流露出作者的书家精神和精湛功力。此帖用笔多藏锋逆入，正锋入笔，下笔厚重，顿笔外拓。线条上抑扬顿挫，刚柔并济，并且很多字仍保持着“颜体”开阔博大的特点。

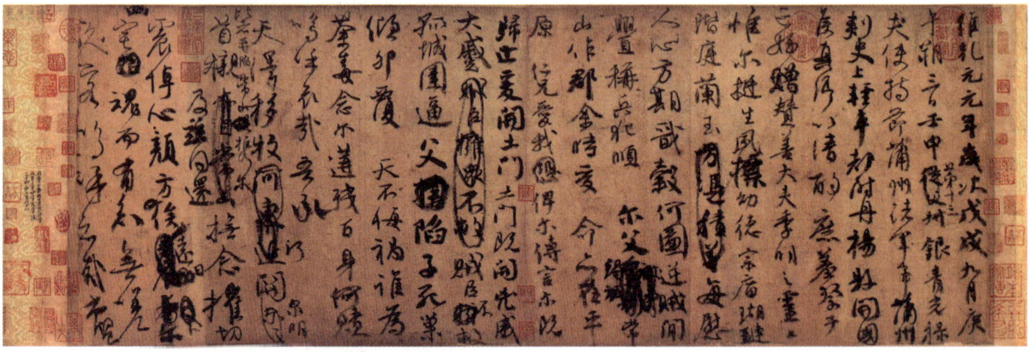

▲ 图6-70　《祭侄文稿》

二、《黄州寒食诗帖》赏析

《黄州寒食诗帖》（见图6-71）为苏轼所作，当时他受“乌台诗案”的牵连而被贬黄州（今湖北黄冈），因此写下了帖中的《寒食诗》二首。该帖的书法

《黄州寒食诗帖》欣赏

与诗相得益彰，满纸身世颠沛之悲、家国不宁之沧，字字含泪，感人至深。帖中字的大小随着作者感情的起伏波动而变化，表现出不同的节奏变化：前三列的字大小变化悬殊，但运笔还没有完全放开；从第四列起，运笔速度如快，字体变大；从第八列起，字体明显放大，运笔更加奔放急促，如同滔滔奔腾的江河，气势连贯，可见作者的心中激情已澎湃到了极点，长时间的压抑之情一发不可收拾；到末尾的几个字，字体又缩小且趋向工整，与开头首尾呼应。整幅作品犹如一曲旋律跌宕起伏的交响乐，震撼人心。

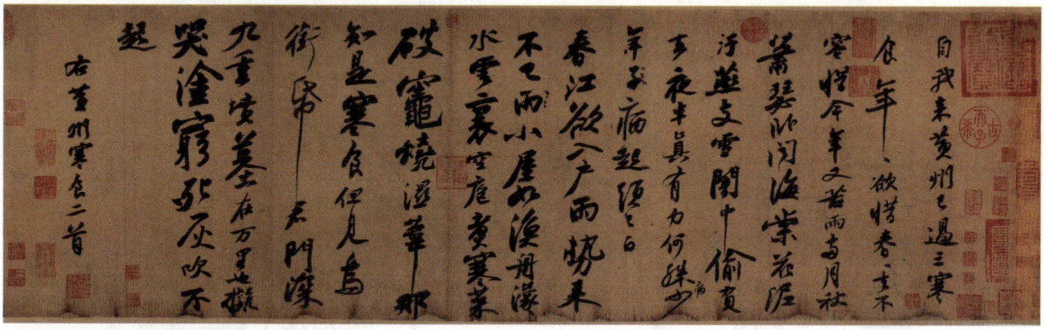

▲ 图6-71　《黄州寒食诗帖》

知识拓展

王羲之的《兰亭序》、颜真卿的《祭侄文稿》、苏轼的《黄州寒食诗帖》被称为“天下三大行书”。

【美的体验】

作家马伯庸曾在微博上发起一场“字体拟人”的活动，获得了众多网友的关注，大家纷纷将自己的画作上传至微博。在网友们笔下，隶书是一名古朴凝重的剑客，楷书是一位秀气的文人公子哥儿，行书是一位风度翩翩的大侠，而草书变成了一个狂放不羁的壮汉，如图6-72所示。这些原本只是伴随着史书和笔墨纸砚出现的经典字体，如今在网上被赋予独特的性格和外表，变成了漫画人物。

请大家发挥自己的创意，试着将本章讲述的几种字体比拟成人物，并画出来。

▲ 图6-72 “字体拟人”作品

素质园地

以艺弘道，坚定文化自信

中国书法不仅承载着汉字独特的造型符号和笔墨韵律，更融入了中国人特有的思维方式、人格精神与性情志趣。

2021年1月26日，中国书法家协会第八次全国代表大会在北京召开。中共中央政治局委员、中宣部部长黄坤明出席开幕式并讲话，强调要深入学习贯彻习近平总书记关于文艺工作的重要论述，坚持以人民为中心的创作导向，坚守中华文化立场，传承中华文化基因，展现民族风骨，攀登艺术高峰，饱蘸浓墨书写精彩壮美的时代华章。

黄坤明指出，中国书法艺术源远流长、独树一帜，是中华优秀传统文化的璀璨瑰宝。近年来，广大书法家和书法工作者情系人民、辛勤耕耘，推动书法创作欣欣向荣、书法事业蓬勃发展，为传承弘扬中华文化、繁荣社会主义文艺作出了重要贡献。

黄坤明指出，在全面建设社会主义现代化国家的新征程上，书法工作者舞台宽广、大有可为。希望大家坚定文化自信，坚持创造性转化、创新性发展，为人民创作、为时代挥毫，充分发挥文以载道、以艺弘道的重要作用。要坚持守正创新、承古开新，善于从中华文化宝库中萃取精华、汲取营养，以笔墨形象展现中华气度，以精品力作阐释中华美学，在挥笔运墨中展现中国风、中国味、中国情。要坚持明德修身，把崇德尚艺作为毕生功课，履行社会责任、秉持职业操守，争做新时代先进文化的践行者和良好社会风尚的弘扬者。

（资料来源：中国共产党新闻网，http://cpc.people.com.cn/n1/2021/0127/c64094-32013141.html，有改动）

第七单元

人生的境界：辞章美

本章导读

辞章美是指以语言为表现形式的各类辞章所呈现的美。辞章包括诗词、散文、小说、格言、谚语和对联等一切语言文化样式。由于辞章的种类很多，数量又特别大，要一一介绍难免蜻蜓点水，无法让学生真正了解他们最应该掌握的辞章美的精髓。因此，本章仅以极富魅力的诗词曲为例对辞章美进行解析。

晓出净慈寺送林子方

杨万里

毕竟西湖六月中，
风光不与四时同。
接天莲叶无穷碧，
映日荷花别样红。

第一节　诗经之美

【美的印象】

美哉，诗经

张吉义

有一种美，无须修饰
那是从心里流出来的长歌
河畔滩头，关关雎（jū）鸠的鸣唱声里
我们听见了“窈窕淑女，君子好逑”的爱情箴言
山野林地，坎坎伐檀声里
我们看见一群袒露的脊背上
迸发出的“不稼不穑，胡取禾三百亿兮”的悲愤
旌旗呼啸处
我们听见了出征将士“岂曰无衣，与子同袍”的怒吼
无论放浪还是婉约
无论高歌引吭还是踱步吟哦
听起来都是那样的自然、真切、活脱、透明
纯粹得就像远古的天空，无邪得就像源头的活水
这，就是诗经

有一种美不会凋谢
那是盛开在一个民族血脉上的鲜花
三千多年前，在一个古老的国度里，那些没有留下姓氏的先民
将生活、爱情、劳动揉进琴瑟
穿越于关中走廊、中原沃野、齐鲁大地、燕山脚下
让散布在山间田野里的飞歌流韵

漫延成一条生生不息的歌的长河
这，就是《诗经》

历史的风吹落了无数的皇冠，吹散了无尽的繁华
却吹不断那一串串带响的竹简，以及竹简上留下的无数指纹的风景
三千年涛声云灭，不变的，还是那跳动着生命活力的人性之美
桃之夭夭，灼灼其华
执子之手，与子偕老
谷则异室，死则同穴
呦呦鹿鸣，食野之苹
我有嘉宾，鼓瑟吹笙
这是无与伦比的东方之美啊
美的河流，美的田野，美的天空，美的云彩
更有美的人，美的情操，美的节奏，美的律动
在人类所有关于美的描绘中
诗经是最美的容貌
来吧，让我们沿着诗三百的诗行
去踏青，去漂流，去追寻
去拾起尘封记忆中永远的歌
哦，美哉，诗经！

【美的视窗】

《诗经》是我国第一部诗歌总集，共包含305篇作品，代表着西周初年至春秋中叶500多年间的诗歌创作成就。《诗经》分为风、雅、颂三个部分。其中，“风”包括《周南》《召南》《邶（bèi）》《鄘（gōng）》《卫》《王》《郑》《齐》《魏》《唐》《秦》《陈》《桧》《曹》《豳（bīn）》，合称“十五国风”，共160篇，多是诸侯国家或地区的民间歌谣；“雅”分“小雅”和“大雅”，共105篇，都是西周王朝政治中心地带的诗歌，多是朝廷官吏、公卿大夫的作品；“颂”分《周颂》《鲁颂》《商颂》，共40篇，多是朝廷庙堂、王侯公卿举行祭祀或其他重大典礼时专用的乐歌。

汉代学者对《诗经》提出“六义”之说，如《毛诗序》曰：“故诗（即《诗经》）有六义焉：一曰风，二曰赋，三曰比，四曰兴，五曰雅，六曰颂。”其中，“风”“雅”“颂”是就《诗经》类别而言的，既与内容文字相关，更与音乐相系。

“风”诗的作者主要是民间诗人，所写多是“俚巷歌谣”之诗；“雅”“颂”的作者主要是贵族文人，即所谓“贤人君子”或“圣人之徒”，所写多是朝廷郊庙乐歌之辞。

赋、比、兴则是就《诗经》的艺术手法而言的。朱熹说过“赋者，敷陈其事而直言之者也”“比者，以彼物比此物也”“兴者，先言他物以引起所咏之词也”。从艺术实践来看，赋是铺陈叙事，描摹景物，状写（描绘）情态（人的心理和肢体活动情形），借以抒情议论的艺术手法；比，就是打比方，是一种渲染事物、突出特征、强化形象的艺术手法，也是一种较为常见的抒情手段；兴，是发端起兴之意，诗人往往先见他物，忽然触动了早已潜伏于头脑中的某种思绪，感情波澜起伏，很自然地唱出自己的心声，具有渲染气氛、衬托意境、耐人寻味的艺术效果。

《诗经》的艺术成就不仅表现在它的艺术手法上，还表现在其章法、句式、韵律和内容等方面。《诗经》常用民歌的重章叠句的结构形式，使章节回环复沓，以强化诗歌的音乐美，增强表情达意的审美效果；多数篇章的典型句式为四言句式，以“二二”节拍为基本节奏，但为了抒情的需要、叙事的连贯，也常常突破四言格式，而运用一、二、三言等句式；其内容涵盖社会生活的方方面面，也涉及劳动人民的思想感情。例如，《硕鼠》《伐檀》揭露了统治者的腐朽；《伯兮》《君子于役》表达了对徭役兵役的憎恨；《静女》《蒹葭》歌颂了男女之间真挚的爱情；《氓》则描述了妇女的不幸遭遇。

《诗经》开创了我国古代诗歌现实主义的先河，被儒家奉为经典，成为《六经》（包括《诗》《书》《礼》《易》《乐》《春秋》）之一。

【美的欣赏】

一、《诗经·秦风·蒹葭》赏析

诗经·秦风·蒹葭

蒹葭苍苍[1]，白露为霜。所谓伊人[2]，在水一方。
溯洄从[3]之，道阻且长。溯游[4]从之，宛在水中央。
蒹葭萋萋[5]，白露未晞[6]。所谓伊人，在水之湄[7]。
溯洄从之，道阻且跻[8]。溯游从之，宛在水中坻[9]。
蒹葭采采[10]，白露未已[11]。所谓伊人，在水之涘[12]。
溯洄从之，道阻且右[13]。溯游从之，宛在水中沚[14]。

作品简介

这首诗选自《诗经·国风·秦风》，主要用了“兴”的艺术方法，先绘景再抒情，表达了对“伊人”求之难得、弃之难舍的企盼、追寻、渴求、向往之感。诗中的“伊人”是诗人理想中最亲近的、热烈追求的对象，也是诗人心中美好的向往。

注 释

① 蒹葭（jiān jiā）：芦苇。苍苍：茂盛的样子。② 伊人：那个人。③ 溯洄：逆流而上。从：追寻。④ 溯游：顺流而下。⑤ 萋萋：草木茂盛。⑥ 晞（xī）：干。⑦ 湄（méi）：岸边。⑧ 跻（jī）：登高。⑨ 坻（chí）：水中的小洲或高地。⑩ 采采：众多，繁盛。⑪ 已：止。⑫ 涘（sì）：水边。⑬ 右：弯曲，迂回。⑭ 沚（zhǐ）：水中的小块陆地。

诗化译文

河边芦苇青苍苍，秋深露水结成霜。意中之人在何处？就在河水那一方。
逆着流水去找她，道路险阻又太长。顺着流水去找她，仿佛在那水中央。
河边芦苇密又繁，清晨露水未曾干。意中之人在何处？就在河岸那一边。
逆着流水去找她，道路险阻攀登难。顺着流水去找她，仿佛就在水中滩。
河边芦苇密且稠，早晨露水未全收。意中之人在何处？就在水边那一头。
逆着流水去找她，道路险阻曲难求。顺着流水去找她，仿佛就在水中洲。

作品鉴赏

如果把诗中的“伊人”认定为情人、恋人，那么，这首诗就表现了抒情主人公对美好爱情的执着追求和求而不得的惆怅心情。诗中的精神是可贵的，感情是真挚的，但结果是渺茫的，处境是可悲的。

《诗经·秦风·蒹葭》朗诵

这首诗最有价值、最令人共鸣的部分，不是抒情主人公的追求和失落，而是他所创造的“在水一方”、可望难即的艺术意境。由于诗中的“伊人”没有具体所指，而河水的意义又在于阻隔，所以凡世间一切因受阻而难以达到的追求，都可以从中找到情感共鸣。这里的“伊人”，可以是贤才、友人、情人，可以是功业、理想、前途，甚至可以是福地、圣境、仙界；这里的“河水”，可以是高山、深堑，可以是宗法、礼教，也可以是现实人生中可能遇到的其他任何障碍。

从创作的角度看，这首诗每章的前两句都是以秋景起兴，引出正文。诗人抓住秋色独有的特征，不惜用浓墨重彩反复描绘、渲染深秋空寂悲凉的氛围，以抒写诗人怅然若失而又热烈企慕的心境。这首诗以水、芦苇、霜、露等意象营造了一种朦胧、清新又神秘的意境。早晨的薄雾笼罩着一切，晶莹的露珠已凝成冰霜，一位羞涩的少女缓缓而行。“蒹葭”“水”“伊人”的形象交相辉映，浑然一体，用作起兴的事物与所要描绘的对象形成一个完整的艺术世界，正是“一切景语皆情语”的体现。

总之，《蒹葭》这首诗的丰富美感，不论是从欣赏的角度，还是从创作的角度，颇值得我们予以认真探讨。正如著名诗人闻一多所说：“我们很难确定它究竟是招隐还是怀春，只觉得它百读不厌。”

二、《诗经·郑风·子衿》赏析

诗经·郑风·子衿

青青子衿①，悠悠②我心。纵我不往，子宁③不嗣音④？
青青子佩⑤，悠悠我思。纵我不往，子宁不来？
挑兮达兮⑥，在城阙⑦兮。一日不见，如三月兮。

作品简介

这首诗是一首情诗。作者热恋着一位青年，他们相约在城阙见面，但久等青年不至，作者望眼欲穿，焦急地来回走动，埋怨情人不来赴约，更怪他不捎信来，于是唱出此诗寄托其情思。曹操在《短歌行》中就引用了“青青子衿，悠悠我心”两句，并将其原有的男女之情升华为渴求人才之叹，《诗经》对后世文人的启发和影响，从中可见一斑。

注 释

① 子衿：周代读书人的服装。子：男子的美称，这里即指“你”。衿：即襟，衣领。② 悠悠：忧思不断的样子。③ 宁（nìng）：岂，难道。④ 嗣（sì）音：寄传音讯。嗣：通“贻”，给、寄的意思。⑤ 佩：这里指系佩玉的绶带。⑥ 挑兮达兮：独自走来走去的样子。挑：也作“佻”。⑦ 城阙：城门两边的观楼。

诗化译文

青青的是你的衣领，悠悠的是我的思念。纵然我不曾去会你，难道你不把音信传？
青青的是你的佩带，悠悠的是我的情怀。纵然我不曾去找你，难道你不能主动来？
来来往往张眼望啊，在这高高的城楼上。一天不见你的面啊，好像有三月那样长！

作品鉴赏

这首诗写一名女子在城楼上等候她的恋人。前两章以“我”的口气自述怀人。“青青子衿”“青青子佩”，是以恋人的衣饰借指恋人。对方的衣饰给她留下这么深刻的印象，使她念念不忘，可想见其相思萦怀之情。如今因受阻不能前去赴约，只好等恋人过来相会，可望穿秋水，不见人影儿，浓浓的爱意不由转化为惆怅与幽怨：“纵然我没有去找你，你为何就不能捎个音信？纵然我没有去找你，你为何就不能主动前来？”第三章点明地点，描写她因久候恋人不至而心烦意乱，在城楼上来来回回地走个不停，觉得虽然只有一天不见面，却好像分别了三个月那么漫长。

《诗经·郑风·子衿》欣赏

全诗不到五十个字，但女主人公等待恋人时的焦灼万分的情状宛若眼前。这种艺术效果的获得，在于诗人在创作中运用了大量的心理描写。诗中表现这名女子的动作行为仅仅使用了“挑”“达”二字，主要笔墨都用在了刻画她的心理活动上，如前两章对恋人既全无音信，又不见人影儿的埋怨。两段埋怨之辞，以“纵我”与“子宁”对比，急盼之情中不无矜持之态，令人生出无限想象，可谓字少而意多。末尾的内心独白，则通过夸张的修辞技巧，造成主观时间与客观时间的反差，从而将其强烈的情绪形象地表现了出来。心理描写手法，在后世文坛已发展得淋漓尽致，而上溯其源，此诗已开其先。

这首诗是《诗经》众多情爱诗歌作品中较有代表性的一篇，它鲜明地体现了那个时代的女性所具有的独立、自主、平等的思想观念和精神实质，女主人公在诗中大胆表达自己的情感，这在《诗经》以后的历代文学作品中也是少见的。

【美的体验】

《诗经》中有许多名篇，下面列举其中两篇，请同学们赏析、朗诵，并以班级为单位，举办以《诗经》为主题的诵咏会，共同体验《诗经》中的“思无邪”。

诗经·王风·采葛

彼采葛兮，一日不见，如三月兮。
彼采萧兮，一日不见，如三秋兮。
彼采艾兮，一日不见，如三岁兮。

诗经·卫风·木瓜

投我以木瓜，报之以琼琚。匪报也，永以为好也。
投我以木桃，报之以琼瑶。匪报也，永以为好也。
投我以木李，报之以琼玖。匪报也，永以为好也。

《诗经·王风·采葛》朗诵

《诗经·卫风·木瓜》朗诵表演

第二节　唐诗之美

【美的印象】

唐诗之美

刘禹锡放出他的堂前燕
一飞就是上千年
夜半钟声传至今
现代人能否登上诗人的客船
李白送友，杜甫逢君
迎来送往成为你我心中的绝唱
牧童一指，杜牧先生让野村出了名
浩然风雨声，发酵了世人多少美梦
天地悠悠
走来了一个陈子昂，伟大而忧伤

春风化雨，唐诗化人
床前明月光，疑是地上霜

儿时的吟诵伴着华人走向四方
唐诗一唱，天下美名远扬
啊，我们都是中国人
中国人称唐人
唐诗就是我们的魂
喜乐哀愁总是美的感受
悲欢离合总是苍茫的感觉
中国人的思，中国人的情
能否像那堂前的燕
再越千年，越光年
越千年，越光年
让我们吟诵，让我们高唱
举头望明月，低头思故乡
举头望月，方知我们是一家人
低头思乡，才知我们拥有共同的根
人类的思，人类的情
能否像那堂前的燕
再越千年，越光年
越千年，越光年
飞入银河内外舞蹁跹

【美的视窗】

一、唐诗的形式

唐诗是中华民族最珍贵的文化遗产之一，是中华文化宝库中的一颗明珠。唐诗的形式和风格丰富多彩、推陈出新。它不仅继承了汉魏民歌、乐府传统，并且大大发展了歌行体的样式；不仅继承了前代的五言、七言古诗，并且发展为叙事言情的鸿篇巨制；不仅扩展了五言、七言形式的运用，还创造了风格特别优美整齐的近体诗。

唐代古体诗又称古风，其对音韵格律的要求比较宽松：一首之中，句数可多可少，篇章可长可短，韵脚可以转换。唐代近体诗又称格律诗，其对音韵格律的要求比较严格：一首诗的句数有限定，即绝句四句、律诗八句，每句诗中用字的平仄声有一定的规律，韵脚不能转换，还要求中间四句为对仗。近体诗是当时的新体诗，它的创造和成熟，是唐代诗歌发展史上的一件大事。它把我国古曲诗歌的音节和谐、文字精练的艺术特色，推到前所未有的高度，为古代抒情诗找到一个最典型的形式，至今还为人们所喜闻乐见。

二、唐诗的分期

初唐时期：这一时期的代表作家是“初唐四杰”——王勃、杨炯、卢照邻、骆宾王。他们的诗文虽未脱齐梁以来绮丽余习，但已初步扭转文学风气。初唐诗人的另一个代表人物是陈子昂，他提出了“一扫六代纤弱，重建建安风骨”的革新诗歌的主张。在文风上，初唐时期的作品气象万千、雄浑博大，已经从南北朝狭隘的宫体诗（既指一种描写宫廷生活的诗体，又指在宫廷所形成的一种诗风）中逐渐走了出来，开辟了新的世界。

盛唐时期：这一时期社会经济繁荣，国力强盛，唐诗发展至巅峰时期。该时期唐诗题材广阔，流派众多，出现了“边塞诗派”“山水田园诗派”等派别。伟大的浪漫主义诗人李白和沉郁的现实主义诗人杜甫，是这一时期最杰出的代表。他们的诗雄视千古，为一代之冠，在他们的笔下，无论五律七律、五绝七绝、古风歌行皆取得很高的艺术成就，正如韩愈所说“李杜文章在，光焰万丈长”。该时期脍炙人口的名篇佳作不胜枚举，如王维的《相思》、孟浩然的《春晓》、李白的《静夜思》《梦游天姥吟留别》《将进酒》、杜甫的《春望》《三吏》《三别》等。

中唐时期：该时期白居易、元稹发起了新乐府运动。白居易提出“文章合为时而著，歌诗合为事而作”的进步理论主张，其诗明白晓畅，通俗易懂，深受群众喜爱，代表作有《长恨歌》《琵琶行》等；元稹的代表作有《菊花》《离思五首》《遣悲怀三首》等。此外，刘禹锡、李贺也颇有成就。

晚唐时期：该时期较著名的诗人有温庭筠、李商隐、杜牧、韦庄等。其中，李商隐和杜牧被称为“小李杜”。

三、唐诗的派别

从诗歌题材来看，唐诗的派别主要有山水田园诗派和边塞诗派。

山水田园诗派的题材多为青山白云、幽人隐士，风格多恬静雅淡，富于阴柔之美，形式多五言古诗、五言绝句、五言律诗，代表作品有王维的《山居秋暝》和孟浩然的《过故人庄》等。

边塞诗派的诗有的描写战争与战场，表现保家卫国的英勇精神；有的描写雄浑壮美的边塞风光、奇异的风土人情；有的描写战争的残酷、军中的黑暗、征戍的艰辛，表达对和平的向往和忧国忧民的情怀。边塞诗派的代表作品有高适的《燕歌行》《蓟门行五首》《塞上》《塞下曲》、岑参的《白雪歌送武判官归京》、王昌龄的《出塞》、李益的《从军北征》、王之涣的《凉州词》、李颀的《古意》等。

从诗歌风格来看，唐诗的派别主要有浪漫诗派和现实诗派。

浪漫诗派以抒发个人情怀为中心，多咏唱对自由人生、个人价值的渴望与追求，风格多自由、奔放、顺畅、想象丰富、气势宏大，主张语言自然，反对雕琢，代表作品有李白的《月下独酌四首》《梦游天姥吟留别》《蜀道难》等。

现实诗派多表现忧时伤世、悲天悯人的情怀，风格多沉郁顿挫，代表作品有杜甫的《登高》《春望》《客至》《三吏》《三别》《兵车行》等。

四、诗人的称号

（1）**诗骨**：陈子昂，其诗词意激昂，风格高峻，大有“汉魏风骨”。

（2）**诗杰**：王勃，其诗流利婉畅，宏放浑厚，独具一格。

（3）**诗狂**：贺知章，秉性放达，自号“四明狂客”，其诗豪放旷达。

（4）**诗家天子（另一种说法是“诗家夫子”）、七绝圣手**：王昌龄，其七绝写得“深情幽怨，音旨微茫”。

（5）**诗仙**：李白，其诗想象丰富奇特，风格雄浑奔放，色彩绚丽，语言清新自然。

（6）**诗圣**：杜甫，其诗紧密结合时事，思想深厚，境界广阔。

（7）**诗佛**：王维，其不少诗歌中有浓厚佛教禅宗意味，以禅入诗。

（8）**诗鬼**：李贺，其诗善于熔铸词采，驰骋想象，且运用神话传说创造出璀璨多彩的形象。

（9）**诗魔**：白居易，其作诗非常刻苦，“酒狂又引诗魔发，日午悲吟到日西”。

（10）**诗豪**：刘禹锡，其诗沉稳凝重，格调自然，白居易赠其“诗豪”的美誉。

（11）**诗囚**：孟郊，其作诗苦心孤诣，惨淡经营，元好问曾称之为“诗囚”。

（12）**诗奴**：贾岛，其一生以作诗为命，好刻意苦吟。

【美的欣赏】

一、《送杜少府之任蜀州》赏析

送杜少府之任蜀州

（初唐）王勃

城阙辅三秦①，风烟望五津②。
与君③离别意，同是宦游④人。
海内⑤存知己，天涯⑥若比邻⑦。
无为⑧在歧路⑨，儿女共沾巾⑩。

作者简介

王勃，初唐诗人，字子安，绛州龙门（今山西河津市）人。“少府”是唐朝对县尉的通称。这位姓杜的少府将到四川蜀州（今四川崇州）去上任，王勃在长安（今陕西西安市）相送，临别时赠送给杜少府这首送别诗。

注 释

① 城阙（què）辅三秦：城阙，即城楼，指唐代京师长安城。辅，护卫。三秦，指长安城附近的关中之地，即今陕西省潼关以西一带。这句是倒装句，意思是京师长安由三秦保护。② 风烟望五津：“风烟”两字名词用作状语，表示行为的处所；五津，指岷江的五个渡口，即白华津、万里津、江首津、涉头津、江南津，这里泛指蜀州。全句是说在风烟迷茫之中，遥望蜀州。③ 君：对人的尊称，相当于“您”。④ 宦（huàn）游：出外做官。⑤ 海内：四海之内，即全国各地。⑥ 天涯：天边，这里比喻极远的地方。⑦ 比邻：并邻，近邻。⑧ 无为：无须、不必。⑨ 歧（qí）路：岔路。古人送行常在大路分岔处告别。⑩ 沾巾：泪水沾湿衣服和腰带。意思是挥泪告别。

诗化译文

巍巍长安，雄踞三秦之地；渺渺四川，却在迢迢远方。
你我命运何等相仿，奔波仕途，远离家乡。
只要有知心朋友，四海之内不觉遥远。即便在天涯海角，感觉就像近邻一样。
岔道分手，实在不用儿女情长，泪洒衣裳。

作品鉴赏

《送杜少府之任蜀州》朗诵

首联“城阙辅三秦，风烟望五津”，一开笔就创造出雄浑壮阔的气象，使人有一种天空寥廓、意境高远的感受，为全诗奠定了豪壮的感情基调。

颔联“与君离别意，同是宦游人”，作者在这里用两人处境相同、感情一致来宽慰朋友，以减轻他的悲凉和孤独之感，惜别之中显现诗人阔大的胸襟。

颈联“海内存知己，天涯若比邻”，把前面淡淡的伤离情绪一笔荡开，诗人指出，只要我们心意相通，即使远隔天涯，也犹如近在咫尺。这句含义极为深刻，道出了诚挚的友谊可以超越时空界限的哲理，给人以莫大的安慰和鼓舞，因而成为脍炙人口的千古名句。

尾联“无为在歧路，儿女共沾巾”，慰勉友人不要像青年男女一样，为离别泪湿衣巾，而要心胸豁达，坦然面对，足见情深意长。同时，全诗气氛变悲凉为豪放。

这首诗四联均紧扣“离别”起承转合，诗中既展现了离情别意及友情，又具有深刻的哲理、开阔的意境、高昂的格调，不愧为古代送别诗中的佳作。

二、《望月有感》赏析

望月有感

（中唐）白居易

自河南[1]经乱，关内[2]阻饥[3]，兄弟离散，各在一处。因望月有感，聊书所怀，寄上浮梁大兄[4]、於潜七兄[5]、乌江十五兄[6]，兼示符离[7]及下邽[8]弟妹。

时难年荒[9]世业[10]空，弟兄羁旅[11]各西东。
田园寥落[12]干戈后，骨肉流离道路中。
吊影[13]分为千里雁[14]，辞根[15]散作九秋蓬[16]。
共看明月应垂泪，一夜乡心[17]五处同。

作者简介

白居易，字乐天，号香山居士，又号醉吟先生，祖籍山西太原，陕西下邽（guī）人，代表诗作有《长恨歌》《卖炭翁》《琵琶行》等。这首诗约作于公元799年秋至800年春之间，当时“河南经乱”，使得“关内阻饥”，田园荒芜，骨肉离散，诗人不免忧国思亲，伤乱悲离。

注释

① 河南：唐时河南道，辖今河南省大部和山东、江苏、安徽三省的部分地区。② 关内：关内道，辖今陕西大部及甘肃、宁夏、内蒙古的部分地区。③ 阻饥：遭受饥荒等困难。④ 浮梁大兄：白居易的长兄白幼文，时任饶州浮梁（今属江西景德镇）主簿。⑤ 於潜七兄：白居易叔父白季康的长子，时为於潜（今浙江临安区）县尉。⑥ 乌江十五兄：白居易的从兄白逸，时任乌江（今安徽和县）主簿。⑦ 符离：在今安徽宿县内。白居易的父亲在彭城（今江苏徐州）做官多年，就把家安置在符离。⑧ 下邽：县名，今陕西省渭南，白氏祖居曾在此。⑨ 时难年荒：指遭受战乱和灾荒。⑩ 世业：祖传的产业。⑪ 羁旅：漂泊流浪。⑫ 寥落：荒芜零落。⑬ 吊影：一个人孤身独处，没有伴侣。⑭ 千里雁：比喻兄弟们相隔千里，皆如孤雁离群。⑮ 辞根：草木离开根部，比喻兄弟们各自背井离乡。⑯ 九秋蓬：深秋时节随风飘转的蓬草，古人用来比喻游子在异乡漂泊。九秋，秋天。⑰ 乡心：思亲恋乡之心。

诗化译文

自从河南地区经历战乱，关内一带漕运受阻致使饥荒四起，我们兄弟也因此流离失散，各自在一处。因为看到月亮而有所感触，便随性写诗一首来记录感想，寄给在浮梁的大哥、在於潜的七哥、在乌江的十五哥和在符离、下邽的弟弟妹妹们看。

家业在灾年中荡然一空，兄弟分散各地你西我东。
战乱过后田园荒芜寥落，骨肉逃散在异乡道路中。
吊影伤情好像离群孤雁，漂泊无踪如断根的秋蓬。
同看明月都该伤心落泪，一夜思乡心情五地相同。

作品鉴赏

这是一首感情浓郁的抒情诗。全诗意在写经战乱之后，对诸位兄弟姊妹和故乡的思念之情。诗人以“雁”“蓬”作比：手足离散各在一方，犹如那分飞千里的孤雁，只能吊影自怜；辞别故乡流离四方，又多么像深秋中断根的蓬草，随着萧瑟的西风，飞空而去，飘转无定，深刻揭示了饱经战乱的零落之苦。

孤单的诗人凄惶中夜深难寐，举首遥望孤悬夜空的明月，情不自禁地联想到飘散在各地的兄长弟妹们。他想：如果此时大家都在举目遥望这轮引起无限乡思的明月，也会和自己一样潸潸泪垂吧！恐怕这一夜之中，流散五处深切思念家园的心，也都会是相同的。诗人在这里以绵邈真挚的诗思，刻画出一幅五地望月共生乡愁的图景，从而收结全诗，创造出浑朴真淳、引人共鸣的艺术境界。

《望月有感》朗诵

全诗以白描的手法，采用平易的家常话语，抒写人们所共有却又不是人人俱能道出的真实情感。白居易的这首诗不用典故，不事藻绘，语言浅白平实而又意蕴精深，情韵动人。

三、《月下独酌四首·其一》赏析

月下独酌四首·其一

（盛唐）李白

花间一壶酒，独酌无相亲①。
举杯邀明月，对影成三人②。
月既不解③饮，影徒④随我身。
暂伴月将⑤影，行乐须及春⑥。
我歌月徘徊⑦，我舞影零乱⑧。
醒时同交欢⑨，醉后各分散。
永结无情游⑩，相期邈云汉⑪。

作者简介

李白，字太白，号青莲居士，又号谪仙人，是唐代伟大的浪漫主义诗人。《月下独酌四首》是李白的组诗作品，这是其中一首，约作于唐玄宗天宝三载（744年），时李白在长安，正处于官场失意之时。

注 释

① 无相亲：没有亲近的人。② “举杯”二句：我举起酒杯招引明月共饮，明月、我及我的影子恰恰合成三人。另有一说月下人影、酒中人影和我为三人。③ 不解：不懂，不理解。④ 徒：徒然，空。⑤ 将：和，共。⑥ 及春：趁着春光明媚之时。⑦ 月徘徊：明月随我来回移动。⑧ 影零乱：因起舞而身影纷乱。⑨ 同交欢：一起欢乐。⑩ 无情游：月、影没有知觉，不懂感情，李白与之结交，故称“无情游”。⑪ 相期邈（miǎo）云汉：期，约会；邈，遥远；云汉，银河，这里指遥天仙境。

诗化译文

提一壶美酒摆在花丛间，自斟自酌无友无亲。
举杯邀请明月，对着身影共三人。
明月当然不会喝酒，影子也只是空随我身。

我只好和它们暂时结成酒伴，要行乐就须把握美好的春光。
我唱歌明月徘徊，我起舞身影零乱。
醒时一起欢乐，醉后各自分散。
我愿与他们永远结下忘掉伤情的友谊，相约在缥缈的银河边。

作品鉴赏

《月下独酌四首·其一》经典传唱

诗的题目是“月下独酌”，诗人运用丰富的想象，表现出一种由孤独到不孤独，再由不孤独到孤独的复杂情感。诗人上场时，背景是花间，道具是一壶酒，登场角色只他一个人，动作是独酌，加上“无相亲”三个字，场面单调得很。于是诗人突发奇想，把天边的明月和月光下他的影子拉了过来，连他自己在内，化成了三个人，举杯共酌，冷清的场面顿时热闹了起来。从表面看，诗人真能自得其乐，可是内心深处却有无限的凄凉。全诗笔触细腻，构思奇特，体现了诗人怀才不遇的寂寞和孤傲，以及在失意中依然旷达乐观、放浪形骸、狂荡不羁的豪放个性。全诗诗情波澜起伏而又近似于天籁，所以一直为后人传诵。

四、《题乌江亭》赏析

题乌江亭

（晚唐）杜牧

胜败兵家事不期①，包羞忍耻②是男儿。
江东③子弟多才俊④，卷土重来⑤未可知。

作者简介

杜牧，字牧之，号樊川居士，京兆万年（今陕西西安）人，著有《樊川文集》。杜牧于会昌元年（841年）赴任池州刺史时，路过乌江亭（相传为西楚霸王项羽自刎之处），写下了这首咏史诗。

注 释

① 不期：难以预料。② 包羞忍耻：意为大丈夫能屈能伸，应有忍受屈耻的胸襟气度。③ 江东：自汉至隋唐称自安徽芜湖以南的长江南岸地区为江东。④ 才俊：才能出众的人。⑤ 卷土重来：指失败以后，整顿以求再起。

诗化译文

胜败乃是兵家常事，难以事前预料。能够忍辱负重，才是真正的男儿。

西楚霸王啊，江东子弟人才济济，若能重整旗鼓卷土杀回，楚汉相争，谁输谁赢还很难说。

作品鉴赏

这首诗首句说胜败乃兵家常事，次句批评项羽胸襟不够宽广，缺乏大将气度，三、四句设想项羽回江东重整旗鼓，说不定就可以卷土重来。这里有对项羽负气自刎的惋惜，但主要的意思是批评他刚愎自用，不善于听取别人的建议。

诗人假想未然之机会，强调兵家须有远见卓识和不屈不挠的意志，从而劝导人们应百折不挠，这种议论方法不落窠臼，是杜牧咏史诗的特色。诸如“东风不与周郎便，铜雀春深锁二乔”（《赤壁》），“南军不袒左边袖，四老安刘是灭刘”（《题商山四皓庙一绝》），都是反说其事，笔调都与这首诗类似。

【美的体验】

每一首唐诗，都是鲜活的游历图；每一位诗人，都是资深的旅行家。以班级为单位，举办“唐诗带我去旅行”活动，让同学们给唐诗配图、配游记、配感悟、配视频等，并在班会上进行朗诵、分享，通过多种方式品读唐诗的悠悠古韵，共赏祖国的壮美山河，让同学们足不出户就能游遍大美中国，品味文化远香，涵养文化自信。

第三节　宋词之美

【美的印象】

鹤冲天·宋词之美

绵绵宋词，道不完愁思。苏轼登楼叹，江水逝。放翁泪示儿，才女清照戚戚，辛翁呼剑气。斜阳小径，更添哀怨几丝。

才子柳永，自诩白衣卿相。豪放婉约风，俱跌宕。品罢诸贤心绪，茶一杯，细思量。多情易感伤，穿越千古，仍是情深绵长……

【美的视窗】

一、宋词的特点

在中国古代文学的阆（làng）苑里，宋词是一座芬芳绚丽的园圃。她以姹紫嫣红、千姿百态的神韵，与唐诗争奇，与元曲斗艳，历来与唐诗并称双绝，都是一代文学之盛。

词是音乐文学，是一种句式长短不齐的用以配乐歌唱的抒情诗，即先有了曲谱，然后再“倚声填词”。按长短规模，词大致可分小令（58字以内，不分上下阕）、中调（59～90字）和长调（91字以上，最长的词达240字）。一首词，有的只有一段，称为单调；有的分两段，称为双调；有的分三段或四段，称为三叠或四叠。宋词的句子有长有短，便于歌唱。因是合乐的歌词，故又称曲子词、乐府、乐章、长短句、诗余、琴趣等。

二、词牌的来源

每首词都有一个表示音乐性的词牌，又叫词调，用来规定词的音律。正所谓“调有定句，句有定字，字有定声”。

词一定要有词牌，如《菩萨蛮》《满江红》。而关于词牌的来源，通常有以下三种情况。

1. 乐曲的名称

有些词牌本来是乐曲的名称，如《菩萨蛮》。相传唐代人中初年，女蛮国进贡，她们梳着高髻，戴着金冠，满身瓔珞（yīng luò，身上佩挂的珠宝），看起来像菩萨，当时的教坊因此谱成《菩萨蛮》曲。据说唐宣宗爱唱《菩萨蛮》词，可见是当时风行一时的曲子。此外，《西江月》《风入松》《蝶恋花》等，都属于这一类，都是来自民间的曲调。

2. 摘取一首词中的几个字作为词牌

有些词牌是摘取了一首词中的几个字，如《忆秦娥》。因为依照这个格式写出的最初一首词开头两句是“箫声咽，秦娥梦断秦楼月”，所以词牌就叫《忆秦娥》，又叫《秦楼月》。类似地，《忆江南》原名《望江南》，但因白居易有一首咏“江南好”的词的最后一句是“能不忆江南”，所以词牌又叫《忆江南》；《如梦令》原名《忆仙姿》，改名《如梦令》是因为后唐庄宗所写的《忆仙姿》中有“如梦，如梦，残月落花烟重”等句；《念奴娇》又叫《大江东去》，这是由于苏轼有一首《念奴娇》，其第一句是“大江东去”。

3．词的题目

有些词牌本来就是词的题目。例如，《踏歌词》咏的是舞蹈，《舞马词》咏的是舞马，《欸乃曲》咏的是泛舟，《渔歌子》咏的是打鱼，《浪淘沙》咏的是浪淘沙，《抛球乐》咏的是抛绣球，《更漏子》咏的是夜……这种情况是最普遍的，凡是词牌下面注明“本意”的，就是表明词牌同时也是词题，也就不再另拟题目了。

三、宋词的派别

按照风格划分，宋词的派别主要可分为婉约派（包括花间派）和豪放派。

“婉约”一词，早见于先秦古籍《国语·吴语》的“故婉约其辞”，“婉”为柔美、婉曲；“约”的本义为缠束，引申为隐约、微妙。“婉约”之名颇能概括一大类词的特色。从晚唐五代到温庭筠、冯延巳、晏殊、欧阳修、秦观、李清照等，一系列词坛名家的词风虽不无差别、各擅胜场，但大体上都可归于婉约范畴。

婉约派词的内容多写男女情爱、离情别绪、伤春悲秋、光景流连，其风格多为婉丽柔美、含蓄蕴藉、情景交融、声调和谐，一般结构深细缜密，重视音律谐婉，语言圆润，清新绮丽，具有柔婉之美，代表作品有李煜的《虞美人·春花秋月何时了》、晏殊的《浣溪沙·一曲新词酒一杯》、柳永的《如梦令·常记溪亭日暮》、李清照的《雨霖铃·寒蝉凄切》等。

“豪放”一词其义自明。宋初李煜的“金剑已沉埋，壮气蒿莱”（《浪淘沙》），已见豪气。范仲淹的《渔家傲·秋思》也是“沉雄似张巡五言”。正式高举豪放旗帜的是苏轼，其《江城子·密州出猎》抒发了自己“亲射虎，看孙郎”的豪迈和“会挽雕弓如满月，西北望，射天狼”的壮志，与辛弃疾的“马作的卢飞快，弓如霹雳弦惊”（《破阵子·为陈同甫赋壮词以寄之》）及“看试手，补天裂”（《贺新郎》）等“壮词”先后映辉，使得豪放之作在词坛振起雄风，彰显了强烈的爱国主义精神，唱出了当时的时代最强音。

然而，可以看到，苏轼的审美观念认为“短长肥瘦各有态”“淡妆浓抹总相宜”“端庄杂流丽，风健含婀娜”。他是崇尚自由而不拘一格的，他提倡豪放是崇尚自由的一种表现，然而也不拘泥于豪放一格。

总的来说，豪放派词的特点是创作视野较为广阔，气势恢宏，磅礴大气，语词宏博，用典较多，代表作品有苏轼的《江城子·密州出猎》、辛弃疾的《破阵子·为陈同甫赋壮词以寄之》、陆游的《卜算子·咏梅》等。

【美的欣赏】

一、《相见欢·无言独上西楼》赏析

相见欢·无言独上西楼

（五代）李煜

无言独上西楼，月如钩。寂寞梧桐深院锁清秋①。
剪不断，理还乱，是离愁②。别是一般③滋味在心头。

作者简介

李煜，五代十国时南唐国君，字重光，初名从嘉，号钟隐居士、莲峰居士，彭城（今江苏徐州）人，史称“南唐后主”。开宝八年（975年），宋军破南唐都城，李煜降宋，被俘至汴京，后因作感怀故国的名词《虞美人》而被宋太宗毒死。李煜虽不通政治，但其艺术才华非凡，他精书法，善绘画，通音律，诗和文均有一定造诣，尤以词的成就最高，有千古杰作《虞美人》《浪淘沙》《乌夜啼》等词，故被称为“千古词帝”。

李煜的词以被俘为界，分为前后两期，前期词作多描写宫廷生活与男欢女爱，香艳精致，才情蕴藉；后期词作多倾泻失国之痛和去国之思，沉郁哀婉，感人至深。《相见欢·无言独上西楼》便是后期词作中很有代表性的一首。

注 释

① 锁清秋：深深地被秋色笼罩。清秋，一作深秋。② 离愁：指离开故国之愁。③ 别是一般：另有一种意味。别是，一作别有。

诗化译文

默默无言，孤孤单单，独自一人缓缓登上空空的西楼。抬头望天，只有一弯如钩的冷月相伴。低头望去，只见梧桐树孤立院中，幽深的庭院被笼罩在清冷凄凉的秋色之中。

那剪也剪不断，理也理不清，让人心乱如麻的，正是亡国之苦。那悠悠愁思缠绕在心头，却又是另一种无可名状的痛苦。

作品鉴赏

李煜的这首词情景交融，感情沉郁。上阕选取典型的景物为感情的抒发渲染铺垫，下阕借用形象的比喻委婉含蓄地抒发真挚的感情。此外，运用声韵变化，做到声情合一。下阕押两个仄声韵（“断”“乱”），插在平韵中间，加强了顿挫的语气，似断似续；同时在三个短句之后接以九言长句，铿锵有力，富有韵律美，也恰当地表现了词人悲痛沉郁的感情。

明代沈际飞在《草堂诗余续集》中评价说：“七情所至，浅尝者说破，深尝者说不破。破之浅，不破之深。‘别是一般滋味在心头’句妙。”今人唐圭璋在《唐宋词简释》中说：“此词写别愁，凄惋已极。所谓‘别是一般滋味’，是无人尝过之滋味，唯有自家领略也。后主以南朝天子，而为北地幽囚；其所受之痛苦，所尝之滋味，自与常人不同，心头所交集者，不知是悔是恨，欲说则无从说起，且亦无人可说，故但云‘别是一般滋味’。”

《相见欢·无言独上西楼》欣赏

二、《卜算子·咏梅》赏析

卜算子·咏梅

（南宋）陆游

驿外断桥边，寂寞开无主①。已是黄昏独自愁，更著②风和雨。
无意③苦争春④，一任群芳⑤妒。零落成泥碾作尘，只有香如故。

作者简介

陆游，字务观，号放翁，越州山阴（今浙江绍兴）人。陆游一生酷爱梅花，将其作为一种精神的载体来倾情歌颂，梅花在他的笔下成为坚贞不屈的象征。

联系陆游的生平不难理解，词中的梅花正是作者自身的写照。陆游的一生可谓充满坎坷。他出生于宋徽宗宣和七年（1125年），正值北宋摇摇欲坠、金人虎视眈眈之时，幼年时他随家人过着动荡不安的逃亡生涯，“儿时万死避胡兵”是当时的写照，这些经历在他幼小的心灵深处早早就埋下了爱国的种子。

成年后，他的仕途也并非一帆风顺，而是几起几落。当时南宋朝廷偏安一隅，对眼前的剩水残山颇为满足，并不想要恢复河山。陆游曾两次被罢官，皆因力主用兵。尽管陆游的爱国热情惨遭打击，但其爱国志向始终不渝。这在他的诗歌中得到了充分的体现。其《卜算子·咏梅》正是以梅寄志的代表，那“零落成泥碾作尘，只有香如故”的梅花，正是诗人一生对恶势力不懈抗争、对理想坚贞不渝的精神和品格的形象写照。

注 释

①无主：自生自灭，无人照管和玩赏。②更：副词，又，再。著（zhuó）：同“着”，遭受，承受。更着：又遭到。③无意：不想，没有心思。④苦：尽力，竭力。争春：与百花争奇斗艳。此处指争权。⑤群芳：群花、百花，这里借指诗人政敌——苟且偷安的主和派。

诗化译文

驿站之外的断桥边，梅花孤单寂寞地绽开了，无人过问。暮色降临，梅花无依无靠，已经够愁苦了，却又遭到了风雨的摧残。

梅花并不想费尽心思去争艳斗宠，对百花的妒忌与排斥毫不在乎。即使凋零了，被碾作泥土又化作尘土，梅花依然和往常一样散发出缕缕清香。

作品鉴赏

《卜算子·咏梅》赏析

词的上半阕着力渲染梅落寞凄清、饱受风雨之苦的情形。下半阕写梅花的灵魂及生死观。末句“零落成泥碾作尘，只有香如故”具有扛鼎之力，振起全篇，把前面梅花的不幸处境，包括风雨欺凌、凋残零落、成泥作尘的凄凉、衰飒、悲戚，一股脑儿抛到九霄云外。作者从民族国家的利益出发，发出生命的表白，悲忧中透出一种坚贞的自信。词人借梅言志，曲折地写出险恶仕途中坚持不媚俗、不屈邪、清真绝俗、忠贞不渝的情怀与抱负。这首咏梅词通篇未见“梅”字，却处处传出“梅”的神韵，且作者以梅自喻，物我融一。

陆游是伟大的爱国主义诗人，他以饱满的爱国热情，谱写了一曲曲爱国主义诗篇，激励着一代又一代人，真可谓“双鬓多年作雪，寸心至死如丹”。

三、《定风波·莫听穿林打叶声》赏析

定风波·莫听穿林打叶声

（北宋）苏轼

三月七日，沙湖道中遇雨。雨具先去，同行皆狼狈，余独不觉，已而遂晴，故作此词。

莫听穿林打叶声[①]，何妨吟啸[②]且徐行。竹杖芒鞋[③]轻胜马，谁怕？一蓑烟雨任平生[④]。

料峭[⑤]春风吹酒醒，微冷，山头斜照却相迎。回首向来萧瑟处，归去，也无风雨也无晴[⑥]。

作者简介

苏轼，字子瞻，号东坡居士，北宋文学家，豪放派代表人物。这首记事抒怀之词作于公元1082年春，当时是苏轼因“乌台诗案”被贬为黄州（今湖北黄冈）团练副使的第三个春天，他与朋友春日出游，风雨忽至，朋友深感狼狈，他却毫不在乎，泰然处之，吟咏自若，缓步而行。

注 释

① 穿林打叶声：指雨点透过树林打在树叶上的声音。② 吟啸：放声吟咏。③ 芒鞋：草鞋。④ 一蓑烟雨任平生：披着蓑衣在风雨里过一辈子也处之泰然。蓑（suō）：蓑衣，用棕叶或草制成的雨披。⑤ 料峭：微寒的样子。⑥ 也无风雨也无晴：意为既不怕雨，也不喜晴。

诗化译文

三月七日，在沙湖道上赶上了下雨，拿着雨具的仆人先前离开了，同行的人都觉得很狼狈，只有我不这么觉得。过了一会儿天晴了，就作了这首词。

不用在意那穿林打叶的雨声，不妨一边吟咏长啸着，一边悠然地行走。竹杖和草鞋轻捷得胜过骑马，有什么可怕的？一身蓑衣任凭风吹雨打，照样过我的一生。

春风微凉，将我的酒意吹醒，寒意初上，山头初晴的斜阳却应时相迎。回头望一眼走过来遇到风雨的地方，回去吧，对我来说，既无所谓风雨，也无所谓天晴。

作品鉴赏

此词为遇雨抒怀之作。全词即景生情，语言诙谐。其中，“竹杖芒鞋轻胜马，谁怕？一蓑烟雨任平生”一句，传达出一种搏击风雨、笑傲人生的轻松、喜悦和豪迈之情。末句“回首向来萧瑟处，归去，也无风雨也无晴”饱含人生哲理，道出了词人从大自然的微妙一瞬中所获得的顿悟和启示：自然界的雨晴既属寻常，社会人生中的政治风云、荣辱得失又何足挂齿？词人借雨中潇洒徐行之举动，表达了虽处逆境屡遭挫折而不畏惧、不颓丧的倔强性格和旷达胸怀。

《定风波·莫听穿林打叶声》朗诵

【美的体验】

方文山曾说：“宋词是最接近流行音乐的古文。”他创作的歌词“繁华声，遁入空门，折煞了世人。梦偏冷，辗转一生，情债又几本”“菊花残，满地伤，你的笑容已泛黄，花落人断肠，我心事静静淌。北风乱，夜未央，你的影子剪不断，徒留我孤单在湖面成双”等都借鉴了宋词中的词语或意境。请找出宋词在现代歌词中的应用例子，或是学习《虞美人·春花秋月何时了》《水调歌头·明月几时有》《如梦令》的经典传唱，并在班会上进行表演。

《虞美人·春花秋月何时了》经典传唱

《水调歌头·明月几时有》经典传唱

《如梦令》（其二）经典传唱

第四节　元曲之美

【美的印象】

元曲古道

何曲强

苍老的藤纠缠于枯枝
褐色的皮剥落出绿色的盛夏
疤结处凝成关于太阳的图腾
树匝满一圈圈岁月的痕迹
……
木桥和长溪组成乡村亘古不变的饰物
陪伴炊烟和家人的生活
木屋里点燃昏黄的灯火
村姑用手捣碎一钵元曲
撒做满天的星光
照亮丈夫回家的路
然后，望一泓秋水
晶亮的目光倒映禾垛上的镰和汗滴
漫漫古道，这边是故乡，那边是他乡
瘦马嘚嘚地跑进西风
游子的心房溢满乡情
朝爱而去，朝自由而去，朝故乡而去
留下满路急切和希冀
马蹄扬起，不见来时的路途
枫叶灼烧孤单的灵魂
夕阳烫痛母亲的双眸
长亭，在十里之外、梦里之乡
古道漫漫，驮载许多别离和流浪
长亭，在十里之外、梦里之乡
枯草连天处
慈祥温暖的家园已显现

【美的视窗】

元曲是散曲和杂剧的合称。其中，散曲是诗歌，属于文学体裁，是元代文学主体；杂剧是戏曲，元杂剧的成就和影响远远超过散曲。这里我们介绍的元曲主要指元散曲。

元曲是中华民族文化宝库中一枝灿烂的花朵，在思想内容和艺术成就上都体现了独有的特色，和唐诗、宋词、明清小说鼎足并举，是我国文学史上一座重要的里程碑。

元曲有严密的格律定式，每一曲牌的句式、字数、平仄等都有固定的格式要求。虽有定格，但并不死板，允许在定格中加衬字（即曲牌所规定的格式之外另加的字），部分曲牌还可增句，押韵上允许平仄通押，与律诗绝句和宋词相比，有较大的灵活性。所以有时会发现，同一“曲牌”的两首元曲有时字数不一样（一般以同一曲牌中字数最少的一首为标准定格），就是这个缘故。

与唐诗宋词相比，元曲更为随意、通俗和灵活。唐诗宋词讲究平仄对仗，用错平仄对仗就不成诗词，元曲则允许平仄通押；诗词忌重韵，元曲却不忌；诗词一般不能随意加衬，元曲却可根据表意和歌唱需要增加衬字；诗词多用比兴，元曲则多用赋，即采用白描手法直陈其事，不留余韵，以淋漓尽致、直率刻露见长。

元曲的兴起对于我国民族诗歌的发展、文化的繁荣有着深远的影响和卓越的贡献，同其他艺术之花一样，元曲一出现就立即显示出旺盛的生命力。它不仅是文人咏志抒怀得心应手的工具，而且为反映元代社会生活提供了人民群众喜闻乐见的崭新艺术形式。

【美的欣赏】

一、《天净沙·秋思》赏析

天净沙·秋思

（元）马致远

枯藤老树昏鸦[①]，
小桥流水人家[②]，
古道[③]西风瘦马[④]。
夕阳西下，
断肠人[⑤]在天涯[⑥]。

作者简介

马致远，号东篱（以示效陶渊明之志），大都（今北京）人，是我国元代著名杂剧家、散曲家，与关汉卿、郑光祖、白朴并称“元曲四大家”，代表作有《汉宫秋》《青衫泪》等。

注 释

① 昏鸦：黄昏时归巢的乌鸦。昏：黄昏。② 人家：农家。此句写出了诗人对温馨家庭的渴望。③ 古道：已经废弃不堪再用的或年代久远的古老驿道（路）。④ 瘦马：骨瘦如柴的马。⑤ 断肠人：形容伤心悲痛到极点的人，此处指漂泊天涯、极度忧伤的旅人。⑥ 天涯：远离家乡的地方。

诗化译文

天色昏黄，一群乌鸦落在枯藤缠绕的老树上，凄厉哀鸣。
小桥下流水哗哗作响，小桥边庄户人家炊烟袅袅。
古道上一匹瘦马，顶着西风艰难前行。
夕阳渐渐失去光泽，从西边落下。
凄寒的夜色里，只有孤独的旅人漂泊在遥远的地方。

作品鉴赏

这首小令很短，一共只有五句、二十八个字，全曲无一个“秋”字，但却描绘出一幅凄凉动人的秋郊夕照图，并且准确地传达出旅人凄苦的心境，诗人由此被赞为“秋思之祖”。

《天净沙·秋思》朗诵

《天净沙·秋思》虽然属于曲体，但实际上，在诸多方面体现着中国古典诗歌的艺术特征。一是以景托情，寓情于景，在情景交融中构成一种凄凉悲苦的意境。二是使用众多密集的意象来表达作者的羁旅之苦和悲秋之恨，使作品充满浓郁的诗情。三是善于加工提炼，用极其简练的白描手法，勾勒出一幅游子深秋远行图。四是采用悲秋这一审美情感体验方式，来抒发羁旅游子的悲苦情怀，使个人的情感获得普遍的社会意义。因此，王国维在《人间词话》中称《天净沙·秋思》“深得唐人绝句妙境”。

二、《正宫·塞鸿秋》赏析

正宫·塞鸿秋（节选）

（元）郑光祖

雨余梨雪[①]开香玉，风和柳线摇新绿。
日融桃锦堆红树，烟迷苔色铺青褥。
王维旧画图，杜甫新诗句。
怎相逢不饮空归去[②]？

作者简介

郑光祖，字德辉，汉族，平阳襄陵（今山西襄汾县）人。他是元代著名的杂剧家和散曲家，所作杂剧在当时“名闻天下，声振闺阁”。除杂剧外，郑光祖还写散曲，有小令六首、套数二套流传。

注 释

① 梨雪：像雪一样白的梨花。② 怎相逢不饮空归去：《增广贤文》中有“相逢不饮空归去，洞口桃花也笑人”之句，表达了作者及时行乐、享受当下的洒脱之情。

诗化译文

雨停了，玉雪般的梨花绽放，香气四散。风儿微微，柳树摇曳出嫩绿的长线。
在熙和的日光中，烂漫如锦的红色桃花，将树身堆得满满；在迷漾的雾气里，碧苔给大地铺上了一层青毡。
这美景曾入王维的画稿，杜甫也会为之吟作新篇。
我怎肯相逢了故人，而不开怀畅饮，白白地把家回转！

作品鉴赏

《正宫·塞鸿秋》是一曲春之歌，描绘了一幅原野春日图。作者以铺叙笔法展现初春原野的迷人景象，雪白的梨花在雨后绽放，柔嫩的新柳枝在春风中摇曳，红霞般的桃花分外耀眼，远处的青草地一望无际。作者深知再美的语言也写不尽春光的美好。于是，他写了四句便戛然而止，只能用“王维旧画图，杜甫新诗句”来概括他对春天的赞美。这无疑是非常明智的艺术选择。最后一句“怎相逢不饮空归去？”将抒情主人公的形象推到读者面前，让人感受到作者热爱大自然、尽情享受大自然所赐的乐观情怀。

【美的体验】

选择一个季节中具有代表性的意象，仿照马致远的《天净沙·秋思》，写一首小令，表达你的心情，并在全班同学面前朗诵表演。

例如：

沙滩贝壳浪花，
潮声笑语脚丫，
秋风海鸟灯塔。
大海沙畔，
弄潮儿在玩耍。

素质园地

重温红色经典，谱写时代新篇章

“红色经典”是继古典文学艺术经典和中国现当代文学艺术经典之后，在中国社会的现代化进程中，与中国特色社会主义事业有紧密联系的文学作品。中国共产党百年征程，成为文艺创作取之不尽的源泉。

杨沫撰写的长篇小说《青春之歌》于1958年出版，是中国当代文学史上第一部描述革命知识分子成长史的优秀长篇小说。作品以故事传达思想，以人物体现精神，以细节呈现历史，以情感唤起共鸣，60余年来，始终回响在几代中国人的青春岁月里。由小说改编的同名电影同样也产生着轰动性的影响，时至今日还在闪耀着青春和理想的光辉（见图7-1）。

▲ 图7-1　《青春之歌》电影剧照

《青春之歌》以新民主主义革命为历史背景，通过描写女主人公林道静从一名普通青年到走上革命道路的成长历程，真实地再现了在中华民族到了最危险的时候，知识分子群体的觉醒和斗争，表现了一代青年知识分子在党的领导下迅速成长，以青春和热血谱写了一曲动人的革命青春之歌。作品用现实的人物形象和平凡的生活材料表征出崇高的精神和不平凡的世界，生动传神地表达了中国共产党人的理想信念、为人民谋幸福和为民族谋复兴的责任与担当（见图7-2）。

▲ 图7-2 《青春之歌》歌剧

每一代青年人都有自己的使命和担当。今天，我们重读这部红色经典，不忘来路，珍惜当下。让我们谨怀“清澈的爱，只为中国”之心，一同谱写新时代壮美的“青春之歌”。

第八单元

智慧的火花：科技美

本章导读

科技美是指科学技术创造的过程和结果中能带给人精神快感的各种美的元素。当一件物品被创造出来，或其制作过程展示出十分巧妙、完美的细节，或能够给使用者带来便利时，人们会获得成就感、满足感、喜悦感等美感体验。这些美感体验是科技美的重要因素。科技美广泛地存在于农学、天文学、数学、医学等科学研究与技术运用领域，既散发着真理的光芒，又展现了美的光辉。

第一节　科学之美

【美的印象】

东汉时期的张衡是中国著名的天文学家、发明家、地理学家，他在继承和发展前人成果的基础上，于公元117年造出了成就空前的铜铸浑天仪。浑天仪从外到内分为几层均可运转的圆圈，各层圆圈分别刻着南北极、黄赤道、二十四节气、二十八星宿、星辰、日月、五纬（即金星、木星、水星、火星和土星）等天象。仪上附着两个用于计时的漏壶，壶底有孔，漏壶滴水带动浑天仪的齿轮系统，进而推动圆圈按计时刻度慢慢转动，一天转动一周，与天体运动同步。这样，就可以准确地反映天象变化了。可惜这座精巧的浑天仪在西晋战乱中失传了。

中国现存最早的浑天仪制造于明朝，现陈列于南京紫金山天文台，如图8-1所示。此仪结构稳固，铸造精美，能够向人们呈现天体运行的秩序美，是重要的科技文物，也是珍贵的工艺杰作。

▲ 图8-1　南京紫金山天文台的浑天仪

【美的视窗】

科学美源于自然，又高于自然。它不是大自然外在的景观美，而是潜藏在景观美之后的内在理论美。景观美可以被感官直接感知，而科学美不能被直接感知。它需要人们对隐藏在自然界的内在理论进行长期的观察、研究后才能被感知。由此可知，科学美是指科学技术或成果带给人们的知识内容、结构形式、方法原理等方面的理性美，以及科学探索过程中的精神美。感受科学美，需要具备较高的科学素养和丰富的想象力，只有这样才能体会科学的精确美、抽象美、逻辑美、统一美和简洁美。

一、天文历法

中国传统天文历法的精确美、逻辑美和抽象美在天文仪器、日食观测与系统历法方面得以充分体现。

1. 天文仪器

在古代，人们非常重视物候和农时，通常采用一些仪器来观测天象，以准确地把握物候和农时规律。在观测天象时，人们使用最早、沿用最久的测量仪器是圭表，如图8-2所示。圭是正南正北方向平置的尺，表是立在地上的标杆，二者相互垂直。人们通过表影落在圭面的长短变化，测量、比较、标定日影的周日、周年变化，进而制定历法。

我国最重要的圭表测量遗址是河南登封的周公测景台，相传这里是周公测日影之处。周公测景台通高3.91米，由石圭和石表两部分组成，俗称“无影台”，又名“八尺表”，是中国古代测量日影、验证时令、计年的仪器。该测景台用青石制成，石柱为表，台座为圭，表的顶端为屋宇式盖顶，南刻“周公测景台”字样，如图8-3所示。周公测景台为以后几代所沿用，元朝郭守敬还在该测景台北约20米处建造了永久性的观星台，对原有的圭、表进行了改进，增设了能用来测量月亮位置的“窥几”。

▲ 图8-2　圭表

▲ 图8-3　周公测景台

我国早期的奎表测影曾与漏壶配合使用。漏壶又称“滴漏”“刻漏”，是中国古代一种计时仪器。目前发现的早期漏壶大多属于汉代实物（见图8-4）。漏壶里插有一根标杆，称为“箭”，用于指示时刻，箭下用一只舟承托，使之浮在水面上。在使用时，漏壶内的水会从水管内逐渐滴出，浮箭随之下沉。人们可以根据浮箭刻度观察时间的变化。

元代铜壶滴漏

早期漏壶滴水不均，容易产生计时误差。为了解决这一问题，人们发明了多级漏壶，即在原来漏壶上增加漏壶，用上壶的水量补充下壶的水量，以实现稳定水量的效果。国家博物馆所藏的元代延祐铜漏壶，铸造于公元1316年，高264.4厘米，由日壶、月壶、星壶、受水壶四壶组成，至于阶梯式架座上，如图8-5所示。受水壶盖中央插有一把长66.5厘米的铜尺，上刻有十二个时辰。铜尺前插木制浮箭，下为浮舟，舟浮箭升，度尺计辰。除去受水壶不计，这件漏壶是三级漏的标本。它的水压稳定，滴漏均匀，计时更精确。

▲ 图8-4　汉代铜漏壶

▲ 图8-5　元代延祐铜漏壶

日晷又称“日规”，是古代人们利用日影测量时辰的一种计时仪器，通常由晷针（表）和晷面（带刻度的表座）两部分组成，如图8-6所示。其原理是根据太阳的投影方向来测定并划分时刻。利用日晷计时的方法是古人在天文计时领域的重大发明，这项发明被沿用了几千年。

国家博物馆所藏托克托日晷，是现存最早的完整而可靠的日晷，如图8-7所示。此晷边长27.4厘米，晷面中央有一圆形小孔，以中央孔为核心，刻出两个同心圆，内圆与外圆中间刻69条辐射线，辐射线与外圆的交点上钻小孔，孔外是1～69的汉篆数字，各辐射线夹角相等，补足时将圆平均分成100份，正与一日百刻数目相当。漏壶的流速可以通过日晷加以校准。

▲ 图8-6　日晷

▲ 图8-7　托克托日晷

2. 日食观测

日食（见图8-8）是天文奇观。历代君王都非常重视日食现象，设专门官职观测日食。观测日食是验证历法优劣的重要依据，历代天文学家采用各种方法观测日食并做了相关记录。从春秋到清末，我国关于日食的记录很多，为现代日食观测提供了宝贵的资料。

古代观测日食一般用肉眼，这种观测方法不仅伤眼睛，而且测量的数据也不准确。后来天文官发明了各种方法间接观测日食。西汉时天文官采用水盆法观测日食，宋代天文学家用油盆观测日食。日食记录自汉代起就包括以下内容：日食时太阳的位置；日食的起讫时刻和全部见食时间；食分，即太阳被遮蔽的程度；初亏（即日食开始的时刻）所起方位。这些内容也是历法推算必须包含的内容。

日食观测为制定天文历法提供了重要依据，古代历法的推算越来越精确，与长期认真仔细的日食观测是分不开的。

▲ 图8-8　日食

中国古代天文历法——阴阳历

3. 阴阳历

阴阳历是人们兼顾月亮绕地球的运动周期和地球绕太阳的运动周期而制定的历法。我国现行的“农历”就是阴阳历的一种。阴阳历的主要内容包括历年长度、历月长度及朔望月、以“二十四节气”定月和置闰、干支纪历等。

阴阳历的历年长度以回归年为准，每年365.25日，历月长度以朔望月为基准，大月30天，小月29天。朔望月是月球绕地球公转的平均周期。我国古代先民把月亮圆缺的一个周期称为一个“朔望月”（见图8-9），把完全看不见月亮的一天称为“朔日”，即每月的初一；把月最圆的一日称为“望日”，即每月的十五或是十六。

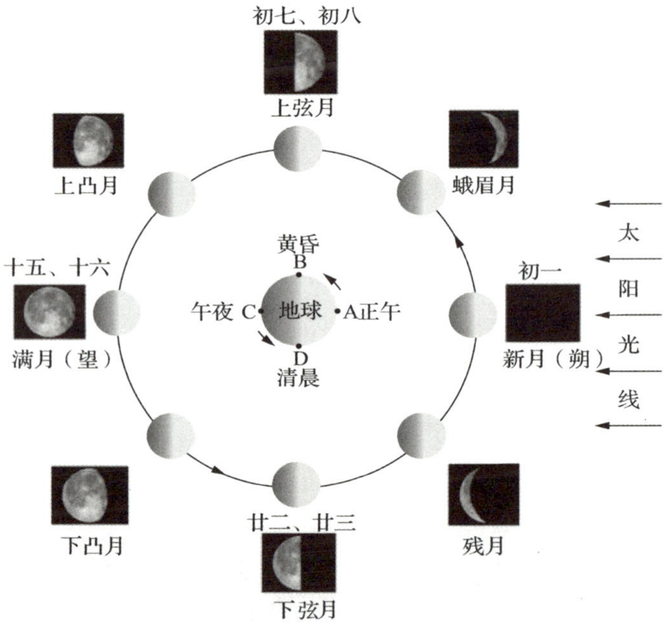

▲ 图8-9 朔望月

阴阳历的年以回归年为依据，但回归年与朔望月的周期无法协调一致，所以阴阳历便通过增置“闰月”的方法来调节“年”与“月”两个自然周期，其调节依据为二十四节气。

古人根据太阳一年内的位置变化，把一年分成24段，分列在12个月中，以反映季节、气温、物候等变化情况，即二十四节气。在二十四节气中，春季分为立春、雨水、惊蛰、春分、清明、谷雨；夏季分为立夏、小满、芒种、夏至、小暑、大暑；秋季分为立秋、处暑、白露、秋分、寒露、霜降；冬季分为立冬、小雪、大雪、冬至、小寒、大寒，如图8-10所示。

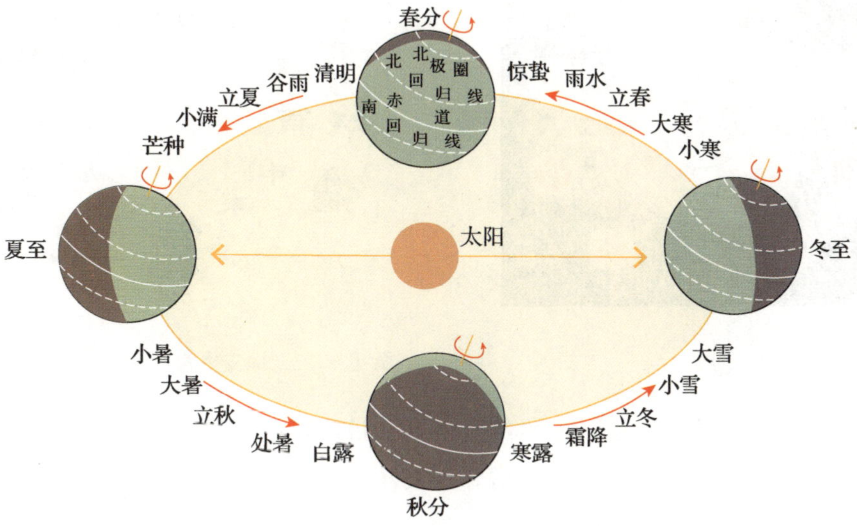

▲ 图8-10　二十四节气

二十四节气较为准确地反映了季节的变化，可用于指导农事活动，影响着千家万户的衣食住行。它将天文、农事、物候和民俗等巧妙结合，衍生了大量与之相关的岁时节令文化，如“立春”“冬至”“清明踏青”等一些重要节日和趣味盎然的民俗。时至今日，节气依然在劳动人民的生产生活中发挥着重要作用。

二十四节气

中国阴阳历的纪历方法为“干支纪历”，即采用天干地支标记年、月、日、时的方法。天干地支是中国独特的发明创造，简称“干支”。十天干为“甲、乙、丙、丁、戊、己、庚、辛、壬、癸”，十二地支为“子、丑、寅、卯、辰、巳、午、未、申、酉、戌、亥”，如图8-11所示。

十天干和十二地支依次相配，组成如甲子、乙丑、丙寅、戊辰……癸亥等60对组合。古人以此作为年、月、日、时的序号，周而复始，循环使用。例如，小说《冯婉贞》中记载：“咸豐庚申，英法联军自海入侵。”其中的“咸豐（咸丰）”为皇帝的年号，“庚申”为干支纪年。

中国干支纪年中的“地支”还与十二生肖相呼应（见图8-12），依次为子鼠、丑牛、寅虎、卯兔、辰龙、巳蛇、午马、未羊、申猴、酉鸡、戌狗、亥猪。例如，农历2012年为壬辰年，“辰”对应“龙”，故2012年也称农历龙年。

▲ 图8-11　天干地支

▲ 图8-12　地支生肖

精美的天文仪器、持之以恒的日食观测和精确奇妙的阴阳历法，对人们安排生产生活及各项社会活动具有重要的指导意义，充分展示了科学仪器、科学方法和科学知识的精确美、逻辑美和抽象美。

二、数学成就

我国是四大文明古国（即古巴比伦、古埃及、古印度和古中国）之一，我们的祖先在渔猎农事活动中最先接触到了计算与测量，并在这方面积累了大量的知识。例如，在万里长城和大运河的建造过程中，积累了大量的几何测量、数字计算和土木工程方面的知识，并将其应用到其他相关领域。在计算与测量的知识中，较著名的数学成就有十进制、割圆术、勾股术等。

1. 十进制

算筹：运筹

中国数学古称“算学”，侧重于解决实际问题。与其他国家数学相比，中国数学自成体系，创造了许多世界一流的研究成果。

早在殷商时期，甲骨文中就出现了数字（见图8-13），当时已能够用一、二、三、四、五、六、七、八、九、十、百、千、万13个数字，记下十万以内的任何自然数。这表明早在商代，中国已使用了十进制。

十进制的计数法是古代最先进、最科学的计数法，对世界科学和文化的发展有着不可估量的作用。春秋时期出现的正整数乘法歌诀“九九歌”，是十进制计数法与中国语言文字相结合的结晶。例如，“二二得四”“九九八十一”，这些耳熟能详的数字歌诀，已经成为当时数学普及和发展的基础之一，一直延续至今。

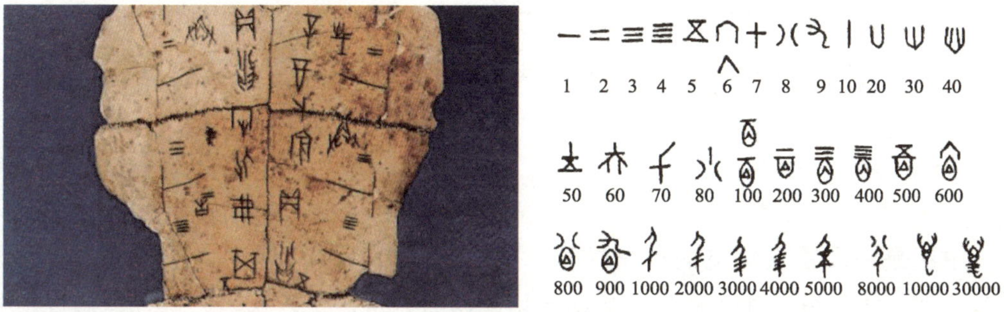

▲ 图8-13　甲骨文中的计数样式

2．割圆术

割圆术是不断倍增圆内接正多边形的边数以求取圆周率的方法，是我国古代算学方面的又一杰出成就。魏晋时期的数学家刘徽（见图8-14）在其名作《九章算术注》中提出了极限思想，并发明了“割圆术”这一新的数学方法。刘徽指出，圆内接正多边形的边数无限增加，其周长就无限逼近圆周长，最终他计算出圆周率为3.141 6。南北朝时期的祖冲之（见图8-15）与其子在此基础上，计算出圆周率在3.141 592 6与3.141 592 7之间，首次将圆周率精确到小数点后7位。直到一千多年后，阿拉伯数学家阿尔・卡西才求出圆周率更精确的数值。

▲ 图8-14　刘徽

▲ 图8-15　祖冲之

3．勾股术

勾股术也就是勾股定理，其运算思想主要是应用勾股定理和直角三角形相似的各种比例关系，测量和计算“高、深、广、远”，对后世产生了重要影响。勾股术所涉及的绝大多数内容是与当时的社会生活密切相关的。例如，《九章算术》中有这样一道题：“今有池方一丈，葭生其中央，出水一尺。引葭赴岸，适与岸齐。问水深、葭长各几何？”印度古代也有著名的“莲花问题”，除了数据与《九章算术》中“葭生中央问题”不同，其余完全相同，但要比中国的勾股术晚了一千多年。

十进制、割圆术和勾股术，展示了中国人的智慧，为人们解决实际问题带来了便利，显示了数学知识独有的逻辑美和抽象美。

三、中医养生

中医是中国古人创造的传统医学，它以阴阳五行作为理论基础，将人体看成是气、形、神的统一体，通过“望闻问切”诊断方法，探求病因、病性、病位，分析病机及人体内五脏六腑、经络关节、气血津液的变化，进而得出病名，制订汗、吐、下、和、温、清、补、消等方案，结合中药、针灸、推拿、按摩、拔罐、气功、食疗等多种治疗手段，使人体达到阴阳调和的状态，从而恢复健康。

1. 望闻问切

望、闻、问、切是中医诊察疾病的四种方法，又称为“四诊”。四诊是搜集临床资料的主要方法，也是获得病情信息的手段。

望诊是指运用视觉观察患者外部神、色、形、态及各种排泄物来断疾的方法。望诊包括一般望诊和舌诊两部分。一般望诊包括望神察色、望形态、望五官等。其中，望神察色是指通过观察患者的精神神态、面部颜色和光泽来诊察病情；望形态是指通过观察患者形体的强弱胖瘦、体质形态和异常表现来诊察病情；望五官是指通过观察患者五官来了解五脏功能的盛衰情况。舌诊是指通过观察舌头的形态、色泽、润燥等情况来辅助诊断病情，包括望舌质和望舌苔。

望闻问切

闻诊是指通过听声音和嗅气味来诊察疾病的方法，即通过听患者说话、呼吸、咳嗽、呃逆、哮鸣等声响，嗅患者病体、病室散发的气味，来诊察病情。

问诊是通过询问患者或其陪诊者来了解患者了解病情。问诊内容包括一般项目、主诉、现病史、既往史、家族史及个人生活史。

切诊包括脉诊和按诊两部分。脉诊又称切脉、诊脉，是指用指腹按患者一定部位的脉搏（见图8-16），借以体察脉象变化，辨别脏腑功能盛衰、气血津精虚滞的一种方法。按诊是指在患者身躯上一定的部位触、摸、推、按，以了解疾病的内在变化或体表反应，从而获得病情资料的一种诊断方法。按诊的部位通常为肌肤、手足、胸腹和穴位，能够在其他三诊的基础上进一步深入探明疾病的部位和性质等情况，应用范围较广。

中医最大的特点是生理学和心理学相结合，而“望闻问切”正是这一特点的重要表现，为人们治疗疾病和健康养生带来了福音，展现了中医诊疗方法的系统美和辨证美。

▲ 图8-16　脉诊

2．经络气血

经络是经脉和络脉的总称，其中经脉包括十二经脉、奇经八脉及连属部分，络脉包括十五别络、浮络和孙络，如图8-17所示。经络将人体的五脏六腑、四肢百骸、五官九窍、皮肉筋骨等联结成一个协调统一的有机整体，使人体各部的功能活动保持协调和相对平衡。

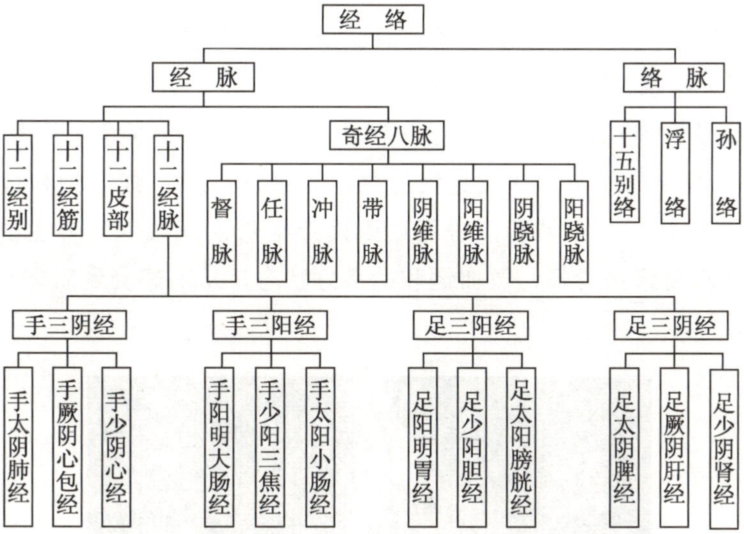

▲ 图8-17　人体经络分布图

经络在生理上的作用主要表现在三个方面：一是沟通表里上下，联系脏腑器官；二是通行气血，濡养脏腑组织；三是防御外邪，保卫机体。通俗地说，经络是气血运行的通道。

气血是气和血的总称，是构成人体的基本物质。在气血生成、运行和发挥作用方面，都有赖于心、肝、脾、肺、肾等脏器的功能活动。气属阳，主动，是人体热量的来源，对机体有温暖、熏蒸作用；血属阴，主静，对全身各脏腑组织器官起着充分的营养和滋润作用，以维持正常的生理活动。气与血之间的关系可以用“气为血之帅，血为气之母”概括（见图8-18）。

通经络、补气血是中医治病、防病的根本，体现了有机的整体美和辨证的和谐美，能为人们带来健康的美好。

▲ 图8-18　气血关系示意图

3．特色疗法与养生

长久以来，历代医者利用聪明才智总结出了一些独具特色和优势的治疗和保健方法，如针灸、推拿、刮痧、拔罐、四时养生等。

针灸是针法和灸法的合称，也是一种“内病外治”的医术（见图8-19）。它利用经络、穴位的传导作用，激发经络之气，通经脉，调气血，使机体阴阳归于相对平衡，使脏腑功能趋于调和，进而达到治疗全身疾病或保健养生的目的。通过针灸，人们能获得经络通畅、气血调和的良好状态，从而感受到肌肉舒缓、身轻体健的舒畅美。

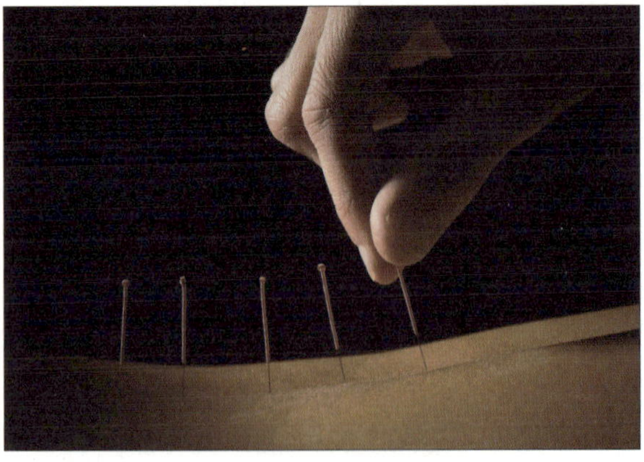

▲ 图8-19　针灸

推拿也称“按摩”或“推拿按摩”，是指运用推、拿、按、摩、揉、捏、点、拍等形式多样的手法，作用于人体体表的特定部位或经络、穴位（见图8-20），以期达到疏通经络、推行气血、扶伤止痛、祛邪扶正、调和阴阳的一种治疗方法。推拿可用于治疗临床疾病，也可用于减肥、美容与养生保健。推拿后，肌肉放松、关节灵活，人们能获得消除疲劳、振奋精神的美感体验。

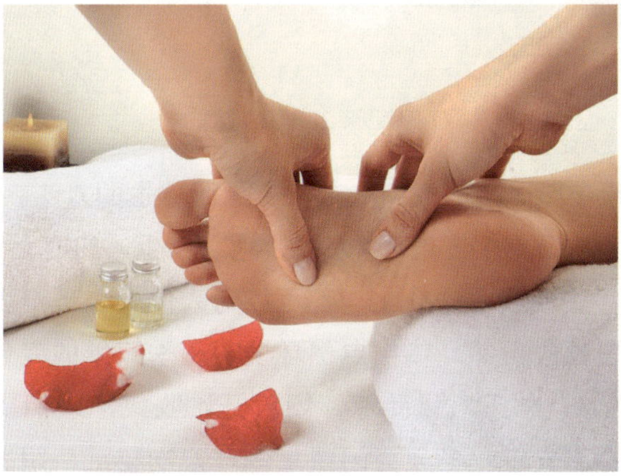

▲ 图8-20　足部推拿

刮痧是指以中医经络理论为指导，用边缘钝滑的器具（见图8-21）蘸取适量的润滑介质，在体表的一定部位或经络、穴位上反复刮动，使局部皮下出现粟粒状瘀斑或痧痕，以防治疾病的一种治疗方法。刮痧具有解表祛邪、行气止痛、祛邪排毒等作用，能给人们带来活血化瘀、开窍醒神、自然代谢的舒适享受。

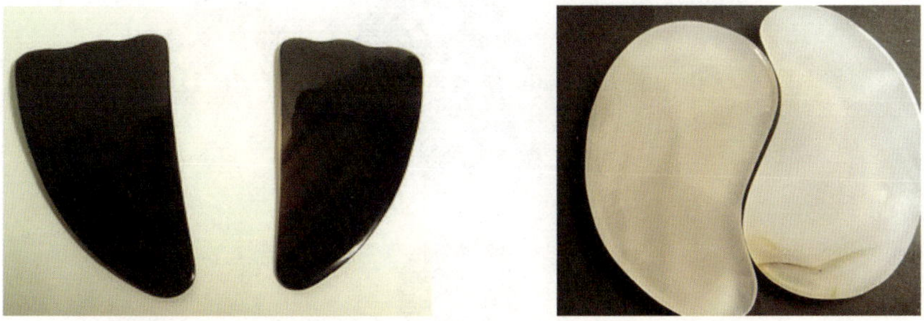

▲ 图8-21　刮痧板

拔罐又称“角法”，是指以罐为工具（见图8-22），利用燃火、抽气等方法产生负压，使之吸附于体表，造成局部瘀血，以达到通经活络、行气活血、消肿止痛、祛风散寒等作用的疗法。这种疗法既有治疗疾病的实用美，又有舒缓身心的适用美，能让人们获得轻松、愉快的享受。

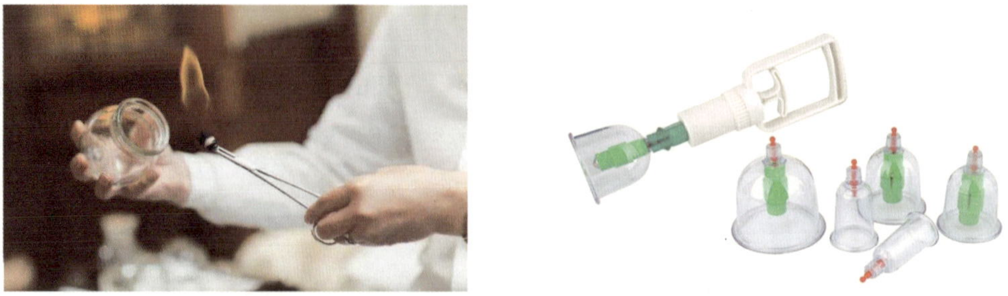

▲ 图8-22　拔罐瓶

四时养生是指顺应四时阴阳气候的自然变化而养生的方法。《黄帝内经》中指出“人与天地相参也，与日月相应也”“人以天地之气生，四时之法成”。意思是说，自然界四季的交替，昼夜晨昏的变化，都可能对人体的生理产生直接影响。所以，养生的基本原则就是顺应自然，依据自然环境、四季气候的变化采取相应的养生方法（见图8-23）。例如，秋天气候转凉，阳气开始收敛，人们要早睡早起，收敛神气，尽量使自己的心志安宁；冬天为闭藏之令，万物秘藏，阴盛阳衰，人们宜晚睡晚起，不能过分张扬发散，要注意保暖，不要使阳气受损。

▲ 图8-23　四季养生

中国医术不仅可以治疗疾病，让患者免去身体上的痛苦，更能帮助人们通过养精神、调饮食、练形体、适寒温等各种方法去养生。中医养生可以说是一种综合性的强身益寿活动，能让人们体验到美意延年的和谐美与自然美。

【美的欣赏】

二十八星宿是中国古代天文学家为观测日、月、五星（水星、金星、火星、木星、土星）的运行而划分的二十八个星区，用以说明日、月、五星的位置。二十八星宿源于古代先民对远古星辰的自然崇拜，是中国古代神话和天文学结合的产物。

二十八星宿形成东方青龙、西方白虎、北方玄武、南方朱雀的布局，即细分为以下四组，每组7个星宿。

（1）东方青龙七宿：即以东方的角、亢、氐（dī）、房、心、尾、箕七个星宿形成龙的形象，如图8-24所示。

（2）西方白虎七宿：即以西方的奎、娄、胃、昴（mǎo）、毕、觜（zī）、参七个星宿形成虎的形象，如图8-25所示。

▲ 图8-24　东方青龙七宿

▲ 图8-25　西方白虎七宿

（3）北方玄武七宿：即以北方的斗、牛、女、虚、危、室、壁七个星宿形成一组龟蛇缠绕的形象，如图8-26所示。

（4）南方朱雀七宿：即以南方的井、鬼、柳、星、张、翼、轸（zhěn）七个星宿形成鸟的形象，如图8-27所示。

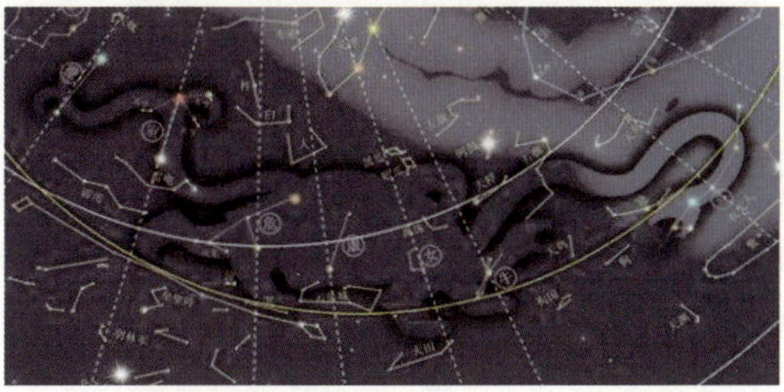

▲ 图8-26　北方玄武七宿

▲ 图8-27　南方朱雀七宿

四象（即天空中东南西北四大星区）和二十八星宿中星象出没在天空中的时刻最初用于判定季节，后来广泛应用于天文、星占、星命、风水等领域。

【美的体验】

五禽戏

五禽戏是中国传统导引养生的一种重要功法。安徽亳州是五禽戏创始人华佗的故乡，也是五禽戏的传承基地。五禽戏发展至今，形成了不同的流派。安徽亳州现在主要有两种流派，分别是董文焕和刘时荣所传的五禽戏。

2001年，国家体育总局健身气功管理中心成立后，委托上海体育学院迅速展开了对五禽戏的挖掘、整理与研究，并编写出版了《健身气功·五禽戏》。其动作编排按照《三国志》的虎、鹿、熊、猿、鸟的顺序，每戏十个动作，分别仿效虎之威猛、鹿之安舒、熊之沉稳、猿之灵巧、鸟之轻捷，力求蕴涵“五禽”的神韵。

2006年，华佗五禽戏被批准为省级非物质文化遗产项目，2011年又被国务院命名为第三批国家级非物质文化遗产项目。

请查找关于五禽戏的视频资料，组织一场以五禽戏为主题的活动，将班级成员分成5组，分别练习虎式、熊式、鹿式、猿式、鸟式的相应动作（见图8-28），感受五禽戏动作的古朴典雅之美。

▲ 图8-28　五禽戏

第二节　技术之美

【美的印象】

编钟是中国古代大型打击乐器，它用青铜铸成，由大小不同的扁圆钟按音调高低的次序排列，并悬挂在一个巨大的钟架上而组成。按照音谱敲打编钟，就能够奏出美妙的乐曲。战国时期的曾侯乙编钟（见图8-29）是我国目前考古所见规模最大、保存最好、音律最全的一套编钟。

曾侯乙编钟

这套编钟用分范合铸的工艺制作而成，即在主体泥范中嵌入器物的局部或附件，合铸后，编钟浑然一体，丝毫看不出拼嵌的痕迹。此外，编钟还采用了铜焊、铸镶、错金（即用金银丝在器物表面镶嵌成花纹或文字）等工艺技术，以及圆雕、浮雕、阴刻（即将图案或文字刻成凹形）、髹（xiū）漆（即以漆涂抹）、彩绘等装饰技法，使得编钟具有古朴厚重、奢侈典雅的美感。

▲ 图8-29　曾侯乙编钟

曾侯乙编钟制作精良、外观精美，显示了中国古代高超的青铜铸造技术，展现了精妙绝伦的工艺美和技术美。

【美的视窗】

技术美是指在制造、加工过程中应用了精湛的技术和精细的工艺，使得产品具有外在美和使用上的得心应手等美的体现。从形式方面看，技术美主要表现为工艺的精细；从内涵方面看，技术美主要表现为使用的顺手与舒心。

一、牛耕技术

中国古代一直以农立国，古语常说“民以食为天”，历代统治者对农业生产的发展都是十分重视的。耒（lěi）和耜（sì）是最古老的农具，用于翻整土地、播种庄稼。耒是一根尖头木棍加上一段短横梁，下端是尖锥式，使用时把尖头插入土壤，用脚踩横梁使木棍深入，然后翻出。改进的耒有两个尖头或有省力曲柄（见图8-30）。

耜是由采集时代过渡而来的原始独立农具，多为木制，也有石制、骨制或蚌制，形体不规则，多为近似树叶形或圆形的片状板，一边有刃口，另一边略带小柄，用以手握，如图8-31所示。其主要功能是挖土、掘土。

▲ 图8-30　使用双尖耒的人

后来，耜和耒结合成为复式农具，称为“耒耜”。耒是耒耜的柄，耜是耒耜下端的起土部分，如图8-32所示。耒耜的发明提高了耕作效率，证明了古人对于农业生产工具的重视。有了耒耜，才有了真正意义上的“耕”和耕播农业。后来，随着农业生产的发展，人们又将耒耜发展为犁。

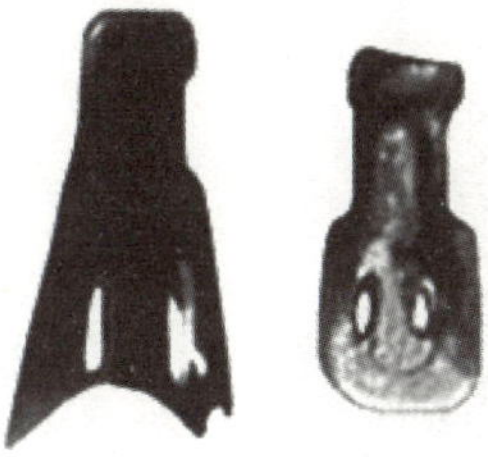

▲ 图8-31　耜

▲ 图8-32　耒耜

春秋战国时期，出现了牛耕。牛耕是指农夫一手扶犁，一手执鞭，通过扯拽缰绳来“指挥”牛的行进方向而进行耕作的方式，其主要特点是牛代替人拉犁。

秦汉时期，随着牛耕技术的普及，在犁的基础上又发明了耦犁（见图8-33）。这是一种由二牛牵引、三人操作的耕犁，其操作方法又称“二牛抬杠”。耦犁的犁铧（即安装在犁上用于破土的铁片）较大，增加了犁壁（即犁上用于翻土的部件），可同时进行深耕、翻土和培垄，大大提高了生产力。

▲ 图8-33　使用耦犁耕地（二牛抬杠）

牛耕技术，是技术美和劳动美结合的产物。相对于以往的耒耜耕地技术而言，牛耕技术进一步提高了生产力，令人们倍感轻松和喜悦，人们因此享受到了技术带来的美感体验。

二、陶器轮制技术

中国筑陶的历史始于新石器早期，当时人们用泥条盘筑法（即在一个平坦的黏土基底上，以黏土条逐渐向上盘绕来制造陶器的方法）制造陶器，这种方法劳动强度大，生产效率低，产品质量差（见图8-34）。

▲ 图8-34　用泥条盘筑法制造的陶器

在新石器时代晚期，我国很多地区制陶已采用轮制技术。轮制是一种用轮车制作陶器的方法，其主要构件是一个木制圆轮，轮下有立轴，立轴下端埋于土内，上有枢纽，便于圆轮旋转。陶器轮制技术是陶器成形技法之一，其制作步骤是人们将泥料放在轮车上，利用木制圆轮的旋转，用双手将泥料拉成陶器坯体，如图8-35所示。这种轮制技术的特点是所制陶器规整匀薄。龙山文化遗址的黑陶质地匀而薄，多是轮制的产物。

▲ 图8-35　陶器轮制

轮制法的发明是制陶技术的一大进步。人们采用这项技术制作的器物形体规整、厚薄一致，陶器质量得到很大提高，能给人们带来视觉美感和良好的使用体验。

三、活字印刷技术

印刷术是中国古代四大发明（即造纸术、印刷术、火药和指南针）之一。唐朝时期，人们从刻印章中得到启发，发明了雕版印刷术。但是雕版印刷术存在着一字刻错则全版需要重新刻等费时、费工、费料和不易更改的缺陷。

到了宋朝，印刷业发展到全盛时期。为了克服雕版印刷的缺陷，宋代毕昇发明了活字印刷术，如图8-36所示。沈括的《梦溪笔谈》中记载了活字印刷术的操作过程：先用胶泥做成一个个具有一定规格的毛坯，在一端刻上反体单字，用火烧硬，制成单个的胶泥活字；排字时，用一块带框的铁板做底托，上面敷一层用松脂、蜡和纸灰混合制成的药剂，然后把需要的胶泥活字排进框内，再用火烧烤药剂，使其将活字粘牢，药剂冷却凝固后即成版型；印刷的时候，只要在版型上刷上墨，覆上纸，加一定的压力就能印刷；印完以后，用火将药剂烤化，手轻轻一抖，活字就可以从铁板上脱落下来，以备下次使用。

活字印刷术的发明，是印刷史上一次伟大的工艺技术变革。其巧妙的设计和灵活的排版，能让人们在操作时得心应手，取得事半功倍的效果，进而在劳动中获得美的体验和享受。

▲ 图8-36　活字印刷术

中国活字印刷术

知识拓展

我国古代科技源于生活，因此造纸、印刷、算学、中医、制陶、冶铸等中国人引以为豪的发明创造无不带有鲜明的实用烙印。本单元所采用的例子都是有关中国古代科技的，旨在帮助大家更好地了解中国古代文化，感受中华民族的智慧和自强不息的民族精神，从而增强民族自信心和自豪感。

【美的欣赏】

越王勾践剑

越王勾践剑（见图8-37）是春秋时期越国君主勾践所佩之剑，于1965年在湖北江陵望山一号楚墓出土。剑长55.6厘米，剑宽5厘米，剑身中脊起棱，正面近格处有“越王鸠浅，自作用剑”的鸟篆铭文。剑身布满了规则的黑色菱形暗格花纹，正面镶有蓝色琉璃，背面镶有绿松石。这把剑在墓中已经被水浸泡了二千五百余年，不但毫无锈蚀，而且依然锋利无比，闪烁着耀眼的青光，寒气逼人。

越王勾践剑的制造工艺达到了相当高的水平，主要体现在剑的成形技术、剑身的磨削技术、铭文的成形技术、绿松石镶嵌技术等诸多方面，反映了春秋时期卓越的青铜冶炼技术，是中国铸剑水平的缩影。

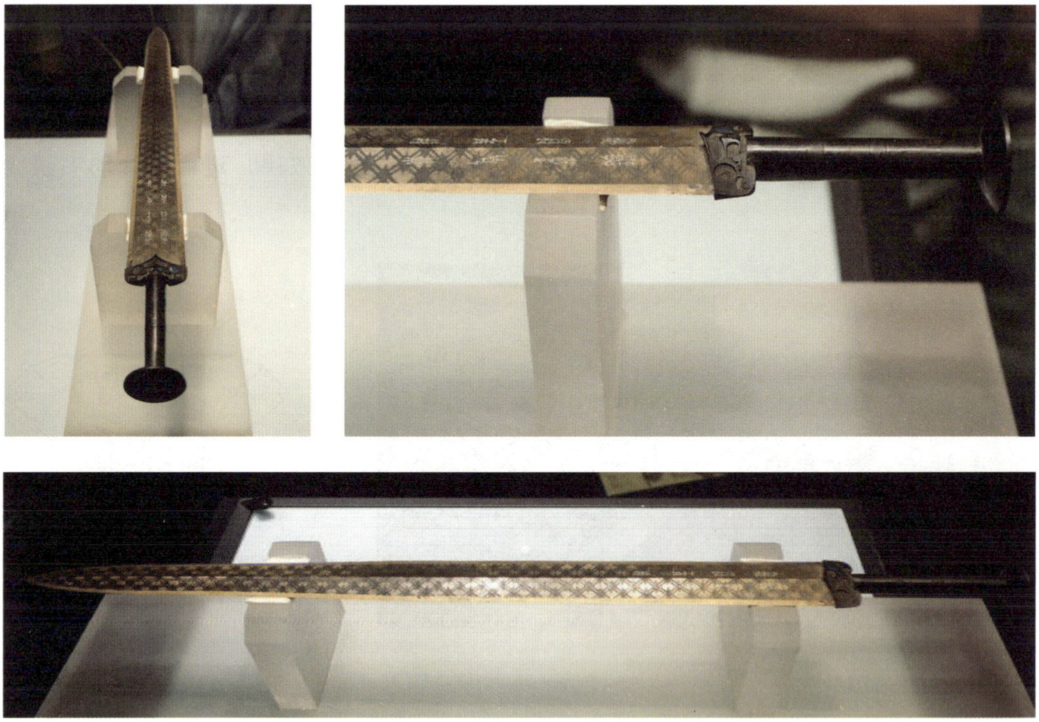

▲ 图8-37　越王勾践剑

【美的体验】

“国博讲堂”是中国国家博物馆面向社会开放的学术交流平台，它以“历史与艺术并重”为举办宗旨，邀请国内外著名专家学者发表精彩演讲，内容涵盖历史、艺术、文物考古等多个领域。

请同学们登录中国国家博物馆官网（http://www.chnmuseum.cn），进入“国博讲堂”栏目，观赏有关青铜器、玉器或瓷器的相关视频，并选择一件器物写一篇器物赏析，谈一谈所选器物是怎样体现技术美的。

第三节　效能之美

【美的印象】

据考证，远古时期，人们居住在江河、湖泊之畔，以打鱼狩猎为生，日复一日，年复一年，江河、湖泊边缘的鱼越来越少。对于深水的鱼群，由于没有水上工具，可望而不可得。为了打到更多的鱼，人们展开了积极的思考与探索，根据落叶浮在水面这种自然现象，创造了独木舟（见图8-38）这种简单的水上交通和运载工具。

独木舟的出现，满足了人们到湖中捕鱼的需要。随着生产力的发展和技术的进步，人们在独木舟的基础上又创造出了船（见图8-39）。船改变了人们的出行方式，提高了人们的出行效率，为人们的生活与劳动带来了愉悦美。

▲ 图8-38　独木舟

▲ 图8-39　船

【美的视窗】

效能美是指一项科技发明或产品技术能够降低人们的劳动强度，使人们的劳动过程变得轻松愉快，或提高人们的劳动效率，使人们在有限的时间内获得更多的劳动成果，从而产生收获的喜悦。

一、风车

风车是一种不需要燃料，而以风力作为能源驱动轮轴旋转的动力机械。船帆式风车（见图8-40）是中国传统发明，始于宋代，是从帆船发展而来的。这种风车具有形似棱柱的框架结构，中心有轴，立轴上部镶有6～8根辐杆，下部镶有同样数量的座杆，在辐杆与座杆上挂上风帆，即构成风轮，分布在立轴四周。风帆的构造原理与传统帆船无异，能够自动调节方向，迎合风向。当风帆受风力推动时，能够引起立轴转动，产生机械动力，进而为翻转车提供原动力，用于磨麦或农田灌溉。

风车的发明降低了人们的劳动强度，提高了劳动效率，为其生产生活提供了便利，给人们带来了巨大的使用价值和良好的社会效益。

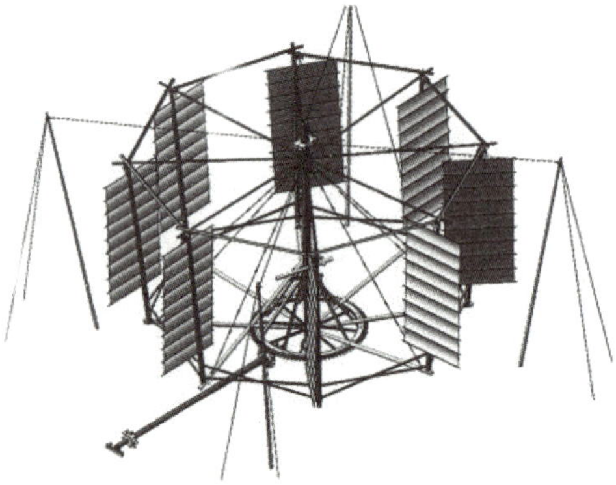

▲ 图8-40　中国古代船帆式风车

二、提花机

提花机是能够贮存提花信息的织机，是中国古代一项极为重要的发明。在提花机出现之前，织复杂的花纹需要耗费大量的人力物力，且效率很低。为了解决这个问题，人们通过长期的摸索创造了提花机（见图8-41）。使用提花机织造花纹时，将提花信息提前编好并安装在织机里贮存起来，便可以重复操作花纹织造工序。

▲ 图8-41　南宋《耕织图》中的提花机

提花机的发明，对于增加织物品种、调整织物结构、减少织物疵点、提高织物质量、改善劳动条件有重要意义。提花机的广泛应用，大幅度提高了劳动生产率，丰富了丝绸工艺，为纺织行业的发展带来了良好的效益。大约11—12世纪，提花机经丝绸之路传入西方，它对现代电子计算机发展中程序控制与存储技术的发明起到了一定的启示作用。

古代的提花机是古人探索科技的重要成果，它在五千年农耕渔织的文化传承下，通过一纱一线纺织出了无数佳话，造就了璀璨的中华文明。在现代社会，电子提花机已在社会生产中普遍应用，它采用计算机信息处理技术将提花织物的花型信息转化为提花机的控制信息，由计算机程序控制提花机，与纺织机配合实现提花织造，产生着更加高效的社会效益，为人们享受丰富多彩的物质文化生活创造了条件。

三、大运河

大运河是中国劳动人民建造的伟大工程，是世界上开凿最早、规模最大的人工河，始建于春秋，完成于隋，经过历代修建，形成了完备的运输体系。

大运河包括隋唐大运河（见图8-42）、京杭大运河（见图8-43）和浙东大运河（见图8-44）三部分，全长2 700千米，地跨北京、天津、河北、山东、江苏、浙江、河南、安徽8个省、直辖市，贯通了海河、黄河、淮河、长江、钱塘江五大水系。

▲ 图8-42　洛阳隋唐大运河博物馆浮雕

▲ 图8-43　京杭大运河杭州拱宸桥夜景

▲ 图8-44　浙东大运河绍兴太平桥风景

大运河是解决中国南北资源不平衡的重要工程，以世所罕见的时间与空间尺度，展现了农业文明时期人工运河发展的悠久历史，代表了水利水运工程的杰出成就。它实现了中国在广大国土范围内南北资源和物产的大跨度调配，促进了不同地域间的经济、文化交流，在稳定政局、繁荣经济、交流文化、发展科技等方面发挥了不可替代的作用。

此外，大运河作为漕运重要通道，是南北交通的大动脉，曾有“半天下之财赋，悉由此路而进”的巨大作用，在航运、灌溉、防洪排涝、居民用水、水产养殖、旅游资源等诸多方面为人们带来了便利，给予了人们多方面的美好体验。

四、都江堰

都江堰坐落于成都平原西部的岷江上，始建于秦昭王末年（约公元前256—前251），是蜀郡太守李冰父子组织修建的大型水利工程，于2000年被联合国教科文组织列入“世界文化遗产”名录。两千多年来，都江堰一直发挥着防洪灌溉的作用，使成都平原成为沃野千里的“天府之国”。

都江堰

都江堰是世界上迄今为止，年代最久、唯一留存、以无坝引水为特征的宏大水利工程，其主体工程包括宝瓶口、鱼嘴和飞沙堰。

1. 宝瓶口引水工程

李冰父子在修建都江堰时，通过实地考察和询问有治水经验的农民，得知治水的关键在于打通玉垒山，让西边的岷江水畅通无阻地流到东边，减少西边的岷江水量，使西边江水不再泛滥，并缓解东边干旱。这是治水患的关键环节，也是都江堰工程的第一步。

李冰召集民工决心凿穿玉垒山，由于当时火药尚未发明，便用火烧石，使山石因为高温而爆裂，炸开了一个山口，因其外形似瓶口，故称“宝瓶口”（见图8-45）。

▲ 图8-45　宝瓶口

2. 鱼嘴分水工程

鱼嘴是在岷江中修筑的分水堰，它将江水一分为二。由于分水堰前端的形状像一条鱼的头部，所以被称为“鱼嘴”（见图8-46）。鱼嘴的作用是将奔流的江水分为内外两江：西边称为外江，沿岷江顺流而下；东边称为内江，流入宝瓶口。内江窄而深，用于灌溉；外江宽而浅，用于排洪。

鱼嘴的设置极为巧妙，它利用地形、地势，巧妙地完成分流引水的任务，而且在洪水或枯水季节不同水位条件下，起着自动调节水量的作用。

▲ 图8-46 鱼嘴

3. 飞沙堰溢洪排沙工程

飞沙堰（见图8-47）是泄洪道，具有泄洪排沙的显著功能，是确保成都平原不受水患侵害的关键。飞沙堰的一大作用是控制宝瓶口的水量，当宝瓶口的水量过多时会自行从飞沙堰溢出，若遇到大洪水，飞沙堰还会自动溃堤，让大量江水流回岷江主流。而飞沙堰的另一作用是“飞沙”，自岷江上游急驰而来的大量泥沙、石块，在飞沙堰由于离心力作用抛入外江，确保了内江通畅，不至淤塞宝瓶口。

▲ 图8-47 飞沙堰

都江堰凝聚着中国古代劳动人民勤劳、勇敢、智慧的结晶，两千多年来，它仍发挥着巨大的作用，滋养着巴蜀大地，为当地民众造福。

【美的欣赏】

西汉时期，中国已经出现了麻纸，但麻纸成本高、质量差，所以未能大规模普及。到了东汉，蔡伦在原有基础上改进了造纸工艺，利用树皮、麻头、敝布、渔网等原料，采用挫、捣、炒、烘等工艺，制造出一种新的纸。为纪念蔡伦的功绩，人们将这种纸称为“蔡侯纸”。

“蔡侯纸”原料来源广泛，价格便宜，质量好，一经问世，便得到广泛的认可与应用。它改变了中国人的书写方式，为中国文化的传播与发展做出了重大贡献。

四大发明之一：造纸术

蔡伦造纸时，形成了一套比较完整的造纸流程，其大致分为四步：第一步是原料分离，即用沤浸或蒸煮的方法让原料在碱液中脱胶，并分散成纤维状（见图8-48）；第二步是打浆，即用切割和捶捣的方法切断纤维，并使纤维帚化而成为纸浆；第三步是捞浆，即把纸浆加水制成浆液，再用捞浆器捞出，使浆液在捞浆器中形成薄片状的纸；第四步是干燥（见图8-49），即把湿纸晒干或晾干，揭下即成为完好的纸张。

自蔡伦发明造纸术后，造纸工艺得到了不断的完善和改进，纸的种类层出不穷，花样繁多，但造纸方法基本上都沿用了蔡伦造纸的四个步骤。时至今日，造纸工艺和两千多年前的造纸术依然没有多大差别。

▲ 图8-48　纤维

▲ 图8-49　晾干纸浆

【美的体验】

《如果国宝会说话》（见图8-50）是中央电视台纪录频道制作的百集纪录片，该片将一件件国宝文物浓缩在5分钟的视频里，着重讲述国宝背后鲜为人知的传奇故事和曲折经历，在引人入胜、跌宕起伏的故事中，寻找中华魂魄，宣扬中国精神，传承中国文化。

如果中国发明会说话，那它会说什么？请以《如果国宝会说话》为参考，为风车、提花机、大运河、都江堰分别制作一段不少于5分钟的视频，讲述一下的它们的前生今世。要求图文并茂，有解说词和音乐背景。

▲ 图8-50　《如果国宝会说话》宣传海报

素质园地

顾诵芬：蓝天寄深情，为国铸“战鹰”

2021年11月3日，一年一度的国家科学技术奖励大会在北京举行。著名的飞机设计大师、两院院士顾诵芬获得了2020年度国家最高科学技术奖。这是中国科技界的最高荣誉，每年授予人数不超过2名。

顾诵芬作为歼8系列战斗机的主要设计师，开创了我国自主研发歼8战斗机的先河，被誉为“歼8之父”。事实上，他的故事远不止一架飞机，他用一生的时间见证和书写了航空救国、航空报国、航空强国（见图8-51）。

顾诵芬1930年出生于苏州，童年时遭遇日本飞机轰炸的经历使他意识到：中国人必须建造自己的飞机。对飞机的第一印象虽然沉重，但他对飞机的兴趣却越来越浓。以优异成绩毕业于上海交通大学航空专业后，顾诵芬参加工作接受的第一项挑战是我国首型喷气式飞机——歼教-1的气动力设计。由于国外技术封锁，国内没有先例可循。听说北航图书馆有一份相关的国外文献，顾诵芬借了一辆旧自行车，天天晚上到北航查找抄录资料。

1964年，歼-8飞机的研制被提上议程。顾诵芬先作为副总设计师负责飞机气动力设计，后期作为总设计师全面主持歼-8研制工作。歼-8系列飞机的研制，牵引构建了较为完善的航空工业体系，促进了冶金、化工、电子等工业的发展，顾诵芬也因此被誉为“飞机气动力设计第一人”。

“咏世德之骏烈，诵先人之清芬”，顾诵芬的名字取自西晋文学家陆机的名句。几十年来，顾诵芬两点一线、来去匆匆，生活简单、朴素低调。如今，这位风华正茂的航空英雄仍然活跃在第一线，关心着祖国航天事业的发展。

▲ 图8-51　工作中的顾诵芬

参考文献

[1] 黄高才．大学美育［M］．北京：北京大学出版社，2018．

[2] 王德岩，王文革．大学美育讲义（第二版）［M］．北京：清华大学出版社，2017．

[3] 张建．大学美育［M］．北京：高等教育出版社，2017．

[4] 高荆梅，马蕾．大学美育［M］．西安：西北工业大学出版社，2017．

扫"码"练习

查看解析